CB141084

No Coração do HIMALAYA

No Coração do HIMALAYA

PEREGRINAÇÕES SAGRADAS

Swami Akhandananda

TRADUZIDO POR MYRIAM CAMPELLO

LÓTUS DO SABER

Título original: *In the Lap of the Himalayas*
Título: *No coração do Himalaya*
Autor: Swami Akhandananda
© *Sri Ramakrishna Math*

Sob autorização do
Ramakrishna Vedanta Ashrama
Largo Senador Raul Cardoso, 204
Vila Clementino – São Paulo – SP

Direitos da edição em língua portuguesa revervados a
Lótus do Saber Editora
© Copyright da tradução e da capa
Rua General Edmundo Gastão da Cunha, 26
Rio de Janeiro – RJ –20541-090 – Tel & Fax – 55 21 2644-5286
www.lotusdosaber.com — info@lotusdosaber.com

Projeto editorial: Tomaz Lima

Tradução: Myriam Campello

Revisão do texto: Lucia Sweet-Lima

CIP-BRASIL. CATALOGAÇÃO-NA-FONTE
SINDICATO NATIONAL DOS EDITORES DE LIVROS, RJ

A267n

Akhandananda, Swami, 1864-1937
No coração do Himalaya : peregrinações sagradas / Swami Akhandananda ; [tradução Myriam Campello]. - Rio de Janeiro : Lótus do Saber, 2009.

Tradução de: *In the lap of the Himalayas*
ISBN 978-85-87546-21-0

1. Peregrinos e peregrinações hindus - Himalaya, Montanhas do. 2. Himalaya, Montanhas do - Descrições e viagens. I. Título.

08-5418. CDD: 294.57
CDU: 233

10.12.08 12.12.08 010164

SUMÁRIO

Nota do Editor

Tomaz Lima

Swami Akhandananda nasceu em 30 de setembro de 1864, em Calcutá. Seu pai era um sacerdote brâmane e professor de sânscrito que praticava yoga e tantra. Também chamado coloquialmente de Gangadhar Maharaj e Baba, Swami Akhandananda foi um dos discípulos diretos do grande mestre Sri Ramakrishna, de quem recebeu o hábito ocre, símbolo da renúncia ao mundo.

Após a morte de Sri Ramakrishna, de 1887 até o retorno de Swami Vivekananda do Ocidente, em 1897, Swami Akhandananda foi a pé, descalço e sem dinheiro, a lugares inacessíveis e muito perigosos, visitando os importantes centros de peregrinação no Himalaya.

Bem mais tarde, tornou-se o terceiro presidente da Ordem Ramakrishna. Foi ele que iniciou, com o apoio e a orientação de Swami Vivekananda, seu *gurubhai* [irmão em discipulado], o trabalho humanitário de ajuda aos necessitados, que se transformou mais tarde na grande obra caritativa da Ordem Ramakrishna, a *Ramakrishna Mission.*

Swami Akhandananda redigia muito bem e, em fase posterior da sua vida, ante os insistentes pedidos de admiradores e discípulos, escreveu as lembranças de suas viagens, que foram publicadas em capítulos nas revistas *Basumati* e *Udbodhan*, em bengali.

Contendo relatos informativos e eletrizantes sobre homens, países e acontecimentos, além das reflexões filosóficas de um amante de Deus, do ser humano e da natureza, este livro oferece as experiências e reflexões do seu autor sobre o Himalaya e os grandes centros de peregrinação da sagrada cordilheira.

Mesmo tendo viajado pelo mundo inteiro, quando Lucia leu para mim os originais de "No coração do Himalaya", senti-me transportado, como num passe de mágica, para uma época distante e me vi caminhando por lugares nunca sonhados, ao lado do Swami Akhandananda, um verdadeiro homem de Deus. Este livro é como *kalpataru*, a árvore que satisfaz os desejos. Há um poder tangível nas palavras de Swami Akhandananda e a impressão que temos é que, por alguma bênção misteriosa, acompanhamos o Swami realmente nas suas peregrinações.

Maria Helena, minha sogra, que passava uns dias conosco em Teresópolis, teve a mesma sensação que a minha. Achou o relato fascinante. "Fiquei encantada", ela disse. "Para mim foi um passeio maravilhoso. Nunca poderia imaginar que, octogenária, faria uma viagem dessas pelo Himalaya. Não sabia que no meio da neve tivesse tanta flor perfumada, que visitaria as vertentes dos grandes rios e os templos perdidos na cordilheira. A descrição foi tão perfeita que senti as mesmas emoções que o *swami* descreveu tão bem, seu amor ao próximo e sua compaixão pelos mais necessitados. Este livro é uma preciosidade."

Não posso deixar de agradecer a todas as pessoas que colaboraram direta ou indiretamente para que este livro fosse publicado, entre as quais não posso deixar de mencionar o Reverendo Swami Nirmalatmananda, diretor espiritual da Ordem Ramakrishna no Brasil, e o Swami Sunirmalananda, que engrandecem o nosso país com as suas presenças.

Mais de cento e vinte anos se passaram desde que Swami Akhandananda visitou o Himalaya. De lá para cá, as coisas mudaram muito. Provavelmente a própria topografia local passou por várias modificações. É bem possível que isso seja uma atração a mais para os leitores de agora, já que as descrições do livro lhes darão uma idéia do prístino encanto da região antes que a beleza da sua natureza fosse maculada pela interferência humana ao longo do tempo.

Muitos locais então inacessíveis são agora alcançados por carros ou aviões. Espera-se contudo que o livro ainda transmita inspiração a todos os que anseiam por algo sagrado neste mundo superficial e rotineiro.

Swami Akhandananda

30 de setembro de 1864 — 7 de fevereiro de 1937

I
De Rishikesh a Theri

RISHIKESH, O PORTÃO SAGRADO

Exceto tênues lembranças, não tenho agora qualquer ajuda para escrever este relato. Preciso lembrar acontecimentos que recuam e organizá-los de forma coerente. Como não tinha idéia de escrever um dia sobre as minhas peregrinações maravilhosas no Himalaya, nada anotei. Na verdade, o meu objetivo era tentar esquecer tudo o que vira. Somente a persuasão de muitos amigos fez-me iniciar o presente texto, e eu me sentiria gratificado se esta narrativa despertasse em alguém o desejo de visitar os lugares sagrados do Himalaya, ou aumentasse suas informações sobre aquelas terras distantes.

Foi talvez no sétimo ou oitavo mês depois do *mahasamadhi*[1] do Mestre[2] — no ano comemorativo do jubileu de ouro da ascensão ao trono da Rainha Vitória, provavelmente no final de fevereiro de 1887 —, que iniciei uma peregrinação partindo do monastério de Baranagar[3] para o norte da Índia. No caminho visitei Gaya, Benares, Ayodhya e Naimisharanya, chegando a

1. *Mahasamadhi:* a morte de um grande iogue.
2. Sri Ramakrishna.
3. Monastério: *Math.* Foi o primeiro centro da Ordem Ramakrishna

Haridwar. Além desses lugares, parei apenas em Lucknow e Sitapur.

Levei cerca de dois ou três meses caminhando para alcançar Haridwar. Lembro que cheguei antes do *sankranti*[4], o último dia do primeiro mês do calendário bengali. De lá continuei para Rishikesh, que atingi em três ou quatro dias. Realizava um desejo antigo e senti uma grande sensação de paz. Não há lugar mais agradável e sagrado no Himalaya do que Rishikesh. É a entrada para a peregrinação a Badarikashram[5]. Nos meses de outubro e novembro há nessa região uma multidão colorida de monges e ascetas de várias denominações. E todos os anos muitas pessoas ricas vão para lá no mês de janeiro[6], para alimentar os monges e servi-los.

Em determinados campos nos arredores de Tapovana, perto de Rishikesh, cultiva-se uma espécie de arroz conhecido como basmati. Muito fino, o grão desse arroz cresce bastante quando cozido, tornando-se então branco como a neve e exalando um perfume que dura o dia inteiro. Os habitantes da aldeia acreditam que esse arroz cresce apenas em certos campos por causa de uma graça concedida por um antigo sábio. O basmati é extremamente apreciado naquela parte do Himalaya, sendo vendido por quatro *seers*[7] por rúpia. Não sei se os preços mudaram no decorrer de tantos anos. Seja como for, não há outro arroz que supere o basmati em aroma.

4. O *Sankranti* é considerado um dos dias mais auspiciosos para os hindus. O primeiro mês do calendário hindu, *vaishakha* em sânscrito e *baishakh* em bengali, começa por volta do dia 14 ou 15 de abril. *Poila Baishakh* é o primeiro dia do ano.
5. Um dos quarto lugares sagrados que muitos seguidores dos Vedas desejam visitar: Gangotri, Yamunotri, Kedar e Badari ou Badri.
6. *Magha*.
7. No subcontinente indiano, unidade de peso de cerca de um quilo.

Como o templo Bharata é o principal santuário de Rishikesh, o Rajá de Tehri fez uma doação em favor dessa aldeia para o culto diário no templo. Soube pelo abade de Bharata que, em contrapartida, eles são obrigados a enviar todos os anos uma determinada quantidade do arroz basmati para os rajás e marajás do Punjab. Da região se avista os picos eternamente cobertos de neve do Himalaya. O sagrado Ganges corre sobre enormes rochas e as florestas em torno ressoam com as águas rápidas do rio. Dali, o Ganges volta-se para a planície a fim de abençoar o povo dessa terra grandiosa.

A sagrada atmosfera do Uttaranchal magnetizou cada partícula do meu corpo e encheu meu coração de inexprimível alegria. Pensei comigo mesmo: "Que sublime felicidade estará me esperando no coração dessa terra sagrada?" Para o aspirante espiritual, Rishikesh é quase o céu. Mesmo os sábios ficam comovidos ante a descrição da grandeza do lugar. Ali, fiquei na cabana de um mendicante e fiz uma boa amizade com alguns monges do Punjab. Eles tinham a mente aberta e um grande coração, o que tornou minha estada em Rishikesh muito confortável e agradável. Meditação, debates sobre o *Self*[8] e leitura dos *Upanishads* eram nossas únicas preocupações naqueles dias. Não podíamos pensar em proferir qualquer palavra mundana numa terra tão sagrada.

Minha permanência em Rishikesh é ao mesmo tempo indescritível e inesquecível. Decidi ir a Badri e a Kedar via Dehradun, Mussouri, Jamunotri e Gangotri. Um monge do Punjab, que gastava prodigamente, insistiu para que eu o acompanhasse a Badrinath. Disse-me ser muito difícil viajar naquelas regiões

8. *Atman*

solitárias e montanhosas sem dinheiro suficiente. Como eu não tinha recursos, tentou dissuadir-me de empreender tal jornada. Trazia consigo grande quantidade de dinheiro e um discípulo – um *naga*[9]. Ele oferecera muitos banquetes para mais de mil monges em certas ocasiões, dos mêses de janeiro e fevereiro[10] em diante. Mas não conseguiu me fisgar e fui a pé de Rishikesh para Dehradun.

O TRECHO PARA MUSSOURI

Durante minhas visitas aos lugares sagrados do Himalaya, muitas vezes maravilhei-me ante a beleza, a grandeza e a serenidade de alguns deles. Uma mera lembrança desses dias revolve cada fibra do meu ser e uma corrente de pensamentos serenos e sagrados irrompe dentro de mim. A recordação da minha visita a Badarikashram é uma delas.

Ultimamente, um grande número de bengalis passou a visitar Badarikashram todos os anos. Era, porém, muito diferente naqueles dias: havia poucos peregrinos vindos da Bengala, sendo a maioria do Punjab. Os renunciantes[11] bengalis instruídos e outros jovens turistas escreveram muito sobre suas peregrinações em revistas, chamando a atenção das pessoas sobre os principais locais de peregrinação no Himalaya.

Na realidade, porém, obtemos diferentes visões do Uttaranchal por parte de monges e peregrinos que visitaram esses lugares em épocas diferentes. Os mesmos locais podem estar um tanto mudados, sendo relatados de maneira diferente após certo tempo. É verdade também que um lugar pode ser descrito

9. Os *nagas* são monges que protegem outros monges, os *dasanamis,* membros da ordem monástica estabelecida por Shankara, que compreende dez denominaçoes.
10. *Magha.*
11. *Sannyas*ins, monges.

de diversas maneiras, dependendo da idade, atitude e situação de vida do narrador. Em virtude disso, estamos sempre ansiosos para escutar coisas diferentes sobre o Uttaranchal. Os que foram a Badarikashram anos atrás, via Manbhang e Chitbhang, descreveriam sua jornada de modo diferente dos que a visitaram recentemente.

Sem ter de puxar muito pela imaginação, os peregrinos de hoje podem imaginar as dificuldades que os peregrinos de outrora tiveram de superar, as sendas íngremes e escorregadias que percorreram. Os próprios nomes Manbhang e Chitbhang são significativos. Por que ir tão longe? Mesmo os que lá chegaram por algum atalho montanhoso, antes que Haridwar tivesse conexão ferroviária, não usufruíram da mesma magnificência e beleza cênica. Não se encontram mais as pontes de corda no caminho de Gangotri e Badri-Kedar. Há boas estradas e pontes confiáveis por toda parte, fazendo com que a peregrinação a Badri-Kedar não seja muito difícil atualmente. Em consequência disso, pessoas de todas as idades visitam esses lugares santos a cada ano, o que afetou a sagrada atmosfera local. Anteriormente, não se ouvia falar de ladrões entre o povo das montanhas do Uttaranchal. Agora, só continuam seguros os locais remotos dessa área onde os habitantes não entram em contato com os peregrinos, já que o comportamento e as maneiras dos montanheses se modificam no intercâmbio com os indivíduos urbanos da planície. Ouvi dizer que os povos da montanha perderam muito da sua inocência e bondade.

Os peregrinos que chegam a Badarikashram pela estrada pavimentada e voltam depois de prestar homenagem à deidade, praticamente ignoram a beleza e a grandiosidade do Himalaya.

Não fazem idéia da serenidade e quietude da atmosfera feliz daquela região divina. Os que pensam em ficar alguns dias no local e tentam descobrir a transcendência de seus lugares mais recônditos, ainda podem vislumbrá-la.

VOTO DE NÃO LEVAR DINHEIRO

Quando estava a caminho de Dehradun, vindo de Rishikesh, um monge aconselhou-me a comprar um par de sapatos antes de entrar no Uttaranchal. Levei dois dias para chegar a Dehradun. No caminho, comprei os sapatos numa aldeia. Descansei mais dois dias em Dehradun e segui para Rajpur, a uns vinte quilômetros de Dehradun, situada no sopé dos montes Mussouri.

Ao chegar a Rajpur, tinha comigo uns poucos *annas*, que gastei ali mesmo. Limpei das minhas mãos qualquer vestígio de dinheiro. Foi lá que decidi completar a peregrinação pelo Uttaranchal sem levar dinheiro ou provisões. Disse comigo mesmo: "Fique sozinho, não viaje na companhia de monges ou chefes de família, não peça esmola a não ser que esteja faminto e não guarde nada para a próxima refeição. Entregue-se a Deus e complete a peregrinação pelo Uttaranchal."

Deixei Rajpur e comecei a subir a trilha íngreme para Mussouri. Ao chegar lá deparei-me com casas de campo de europeus por toda parte. Havia contudo um templo de Shiva no mercado de Landour. Renunciantes e homens santos podiam permanecer lá um ou dois dias. O administrador do templo era um monge *lingayat jangam*[13]. Não era um lugar muito confortável

12. Antiga unidade monetária indiana (1/16 da rúpia). *N. do T.*

13. *Lingayats* são um grupo de hindus do estado de Karnataka que adoram Shiva. Seus monges são chamados de *jangamas*, peregrinos.

14. Tratamento respeitoso dispensado aos europeus na Índia colonial.

para pernoitar, mas não tinha escolha. Se ficasse no mercado e olhasse à minha volta, veria apenas *sahibs* brancos por toda parte. O monge *jangam* recebeu-me com hospitalidade no templo. Eu vestia apenas uma roupa de lã e um casaco do mesmo material. Vendo que meus trajes eram insuficientes para a peregrinação ao Uttaranchal e que também não trazia dinheiro comigo, o administrador do templo quis me levar a um rico mercador que me daria um cobertor e uma rúpia, como fazia com todos os monges que passavam por Mussouri. O monge *jangam* insistiu que o acompanhasse até o mercador e aceitasse os presentes. Informou-me também que a distância de Mussouri a Tehri era de uns cinquenta quilômetros: havia três ou quatro lojas pelo caminho mas nenhuma aldeia ou habitação humana. Os lojistas não dariam nada de graça e eu não conseguiria aguentar as ferroadas da fome durante o percurso. Quando lhe disse que decidira não tocar em dinheiro durante a minha peregrinação, ele ficou muito comovido: desejou-me boa sorte e rezou para que eu não sofresse na viagem. Acho que foi benevolente comigo por eu ser tão jovem. Recebi dele um cajado muito útil para subir os montes.

A MAJESTADE DO HIMALAYA

As dificuldades mencionadas pelo monge não me detiveram. Deixei Mussouri com a agradável idéia de estar mais próximo do meu destino e iniciei a jornada para Tehri com ótima disposição de ânimo.

Nos dez ou onze quilômetros que cobri deparei-me com uma pequena loja solitária. O lojista cumprimentou-me cordialmente e convidou-me para entrar. Muito hospitaleiro, serviu-me uma generosa refeição. Novamente na estrada, percorri mais alguns quilômetros. Então voltei meus olhos para o Norte e diante de mim desdobrou-se uma visão magnífica. O Himalaya, "a medida de aferição do mundo", surgia em toda a sua vastidão, branco e imaculado. Meus pés recusaram-se a andar. Sentei-me ali por algum tempo, os olhos banqueteando-se na glória do Himalaya, a cordilheira coberta de neves eternas. Um arrepio percorreu meu corpo, enquanto sentia uma alegria sem limites. Disse a mim mesmo, "Olhe, isso é o Himalaya. O Mestre recomendava a todos um vislumbre dessa montanha celestial." *Giriraj Sringe Mahadev Sange.* [No alto do Rei das Montanhas, na presença do Deus dos Deuses.] Ali, a Natureza na forma de Párvati encontra-se com Shiva, no lar do pai da Mãe Uma [outro nome de Párvati]. Sim, é o lugar que eu tanto acalentara visitar.

Nunca pensei que a primeira visão do Himalaya me deixaria tão maravilhado. Tive a sensação de que o mundo mortal ficara lá embaixo e que chegara ao reino dos céus. Impaciente, queria penetrar na morada celeste. Notei o sereno silêncio que pairava por toda parte. A cordilheira branca era cercada por extensas florestas. Eu me senti arrebatado pelos sentimentos sublimes que a visão da magnífica criação do Senhor provocava em mim. Com a mente apaziguada e calma, fiz repetidas reverências ante os pés da majestosa montanha – a encarnação da supremacia e glória divinas. As coisas mundanas amorteceram-se e cobri uns trinta quilômetros quase em transe, sem qualquer fadiga. Encontrei um ou outro viajante solitário no caminho entremeado de árvores cobertas de flores vermelhas, que contêm mel. Aprendi depois que essas flores eram chamadas de *baras*. Os

15. Cf. *Kumarasambhava* de Kalidasa: Canto 1, Versículo 1.

viajantes as colhiam e sugavam seu mel, mastigando as pétalas a seguir. De porte grande, essas árvores crescem acima de certa altitude nas montanhas do Himalaya e seus troncos cobrem-se de um musgo aveludado. Cada ramo é dotado de muitas flores, tão vermelhas quanto o hibisco. Os montanheses preparam com essas flores um delicioso chutney, de ótimo sabor quando comido com pão ou *roti*[16]. Ali, ao provar pela primeira vez um *roti* com esse chutney, disse para mim mesmo, "Que oferenda deliciosa do Himalaya no primeiro dia da minha jornada! Tudo nessa região é de uma excelência sem igual!"

A BONDADE DOS POBRES

Eu já caminhara uns trinta quilômetros desde que deixara Mussouri quando vi uma loja na montanha à minha frente. Ao aproximar-me, vi uma senhora idosa sentada do lado de fora e sentei-me também para um pequeno descanso. A subida íngreme e a fria brisa do Himalaya deixaram-me faminto. A senhora dirigiu-se a mim e me fez algumas perguntas. Quando soube que eu não tinha alimento algum, pediu-me que esperasse um momento e entrou na loja, voltando após algum tempo com *rotis* quentes e o chutney das flores de *bara*. Fiquei um pouco surpreso com a sua hospitalidade, pois o administrador do templo me dissera ser tal qualidade muito escassa na região. Então, o que seria isso? Enquanto comia o *roti*, ela me perguntou se meus pais estavam vivos e por que me tornara um renunciante ainda tão jovem. Respondi-lhe como pude. Quando ela viu que o marido voltava para casa com um feixe de lenha à cabeça, notei o medo em seu rosto. "Escute, meu marido é muito cruel e

16. Pão indiano não fermentado.

mesquinho", disse. "Nunca oferece nada a um viajante ou monge faminto. Enquanto está na loja, não posso dar nada a ninguém, por mais que queira. Então, se ele perguntar quem lhe deu esses *rotis*, responda que você pagou pela farinha, eu apenas os cozinhei. Se souber que lhe dei os *rotis,* ele vai se aborrecer comigo." A seguir, ela se afastou. Ouvindo aquilo, comecei a comer rapidamente o resto dos *rotis;* achei melhor terminá-los antes que o marido me questionasse a respeito, pois ficaria em apuros. Não queria que a senhora que me dera de comer com afeto maternal fosse insultada pelo marido. E também não tinha a intenção de mentir. Quando ele chegou, entretanto, não reparou em mim, provavelmente por causa do fardo pesado que carregava. Entrou na loja e não saiu por um longo tempo. Terminei a refeição e fui embora, pensando na bondade daquela senhora e sua gentileza maternal.

TEHRI

Sem ter qualquer problema com a minha alimentação pelo caminho, cheguei a Tehri três dias depois de deixar Mussouri. Tehri é a capital do Estado de Garhwal. O Garhwal Ocidental era um principado, mas o Garhwal Oriental tornara-se um distrito britânico. Os Rajás de Tehri são da casta dos guerreiros[17]. O príncipe Kirtisahaya, que governava naquela época, era menor de idade. Chegando a Tehri, não sei por que razão, fiquei sob a custódia da polícia por alguns dias. Os sapatos comprados no caminho para Dehradun me deram muitos problemas; com bolhas nos dois pés, precisei passar uns dez dias no dispensário do estado para que os ferimentos cicatrizassem.

17. *Kshatriyas.* No sistema hindu das quatros castas principais (brâmanes ou *brahmanas, kshatriyas, vaishyas* e *sudras).*

Naquela época os Rajás de Tehri exerciam poder supremo em todo o distrito de Garhwal. Srinagar, agora na Índia britânica, fora anteriormente a capital de Garhwal, o que era testemunhado pelas ruínas do grande palácio de pedra. Depois que os britânicos anexaram o distrito, o Rajá fundou sua capital em Tehri, às margens do rio Bhagirathi[18]. Não existe cidade mais próspera no estado de Garhwal, com diversos templos construídos por príncipes. A cidade tem uma grande população de brâmanes, *kshatriyas* e *vaishyas*[19] e o seu mercado abastece a população inteira do Estado.

Em minha partida de Tehri, um parente do príncipe aconselhou-me a mandar fazer outro par de sapatos, já que mais adiante o lugar estaria infestado de sanguessugas. Como eu já tivera problemas suficientes com os sapatos anteriores, tratei os novos com óleo e cúrcuma. Não adiantou nada, pois não consegui usá-los. Desisti deles até chegar ao Tibete, após completar a peregrinação no Uttaranchal. Na verdade, se é muito difícil caminhar descalço pelas regiões geladas do Himalaya, é igualmente difícil andar de sapato por aqueles atalhos escorregadios, cobertos por camadas de folhas secas. Descalço você conseguirá no máximo ter os pés congelados, mas se escorregar de uma encosta é pouco provável que seja visto de novo. Sobrevivi a duas quedas perigosas. Para andar por essas sendas escorregadias é necessário firmar os dedos dos pés no solo para obter um ponto de apoio.

18. Um outro nome do Rio Ganges.
19. A casta dos comerciantes.

2
Jamunotri

Parti de Tehri e caminhei cerca de sessenta quilômetros por uma estrada que conduzia a Gangotri. Em Dharasu, uma pequena aldeia de monges[20] da denominação *kanphate*[21], havia um atalho para Jamunotri. Mas o viajante solitário que não conheça a região não deve de modo algum arriscar-se por ele. O atalho atravessa uma floresta imensa e fechada: quem se perder não encontrará ninguém para indicar-lhe o caminho. Pensando em como poderia tomar esse atalho na etapa seguinte da viagem, cheguei a Dharasu ao meio-dia.

Dez montanheses com seus gorros altos e redondos descansavam ali. Eles eram de uma aldeia no planalto de Jamunotri, chamada Jamadagni Makan, e estavam voltando para casa após fazerem suas compras em Dehradun. Senti um grande alívio: não estava convencido de poder enveredar pelo atalho para Jamunotri sozinho. Deus é grande e Seu socorro nos vem por caminhos desconhecidos; quando decide ajudar o devoto, quem pode impedi-Lo? Sua vontade pôs-me diante da companhia adequada à difícil viagem através da floresta. Os montanheses

20. *Sadhus*.
21. *Kan-phate*: Orelha quebrada. Diz-se que os monges dessa denominação tinham suas orelhas cortadas. Essas coisas não existem mais. *N. do Ed.*

também ficaram felizes de saber que me dirigia a Jamunotri. Os costumes do povo do planalto de Jamunotri assemelham-se muito aos de Rampur Besahari[22], com os mesmos gorros altos e redondos de lã, sapatos de fibra trançada e casacos compridos. Já o povo do Garhwal Oriental veste-se de modo totalmente diferente.

Jamadagni Makan fica a dois dias de viagem de Dharasu. Como não há uma única aldeia no percurso, os viajantes passam as noites em torno das fogueiras, nos acampamentos. No caminho vimos restos dessas fogueiras e pilhas de cinzas, assim como grandes toras. Cobertos por florestas de pinheiros semelhantes a casuarinas[23], os declives da montanha apresentam um clima mais tépido. Meus companheiros de viagem coletaram algumas toras dessas árvores e em pouco tempo assávamos *rotis* com farinha de *kodo*[24] numa grande fogueira que crepitava diante de nós. Depois de comerem dois grandes *rotis* cada um, os homens tiraram as roupas e começaram a remover os piolhos à luz brilhante das chamas.

PIOLHOS E ALDEÕES NÃO HOSPITALEIROS

Tormento pior do que pernilongos, borrachudos e baratas nessa região fria, os piolhos infestam quase toda roupa usada e vivem do sangue quente do usuário.

Nossa fogueira era tão brilhante que ao menos nenhum animal selvagem pensaria em visitar-nos. A noite transcorreu

22. A parte norte da cadeia de montanhas de Simla é conhecida como Rampur Besahari. Essa região de Jamunotri e a parte de Rampur Besahari ficam no Garhwal Ocidental. Assim, os costumes desses povos são semelhantes.
23. *Surus*.
24. Milho do grupo painço, grosseiro e não tão saboroso

serena. No dia seguinte chegamos ao anoitecer em Jamadagni Makan, aldeia às margens do rio Jamuna onde vi diversos ídolos de antigos deuses num templo. Depois de passar dois dias ali, parti para Jamunotri.

O percurso para Jamunotri acompanha o Jamuna. Um dia depois de ter deixado Jamadagni Makan, encontrei um renunciante *naga* e um monge *vaishnava* no caminho. Os dois tinham vindo de Jammu por uma trilha montanhosa e, após visitar Jamunotri, seguiriam para Badrinarayan. Ficamos contentes de nos encontrarmos. Não me imaginava prosseguindo totalmente só, sem a companhia desses homens santos enviados por Deus. Assim, viajamos juntos até Jamunotri.

Jamunotri fica no distrito de Garhwal, em Ramauli Pargana, e seu povo não é nada hospitaleiro. Planejáramos começar nossa jornada antes do nascer do sol e andar continuamente até o meio-dia, quando comeríamos. Depois de um descanso, partiríamos de novo, passando a noite em alguma aldeia do percurso. A estrada seguia de perto o curso do Jamuna. Num determinado ponto do caminho tivemos de subir uma grande montanha, mas depois voltamos para o rio. Parei de contar os aclives e declives do percurso. Enquanto andávamos notei muitos pedestres, mas só gente do local. Não há estrutura absolutamente nenhuma para os peregrinos que vão para Jamunotri. No entanto, verduras comestíveis[25] são encontradas com abundância às margens do rio. Costumávamos colher uma boa quantidade desses vegetais. Ao meio-dia nosso amigo, o monge *vaishnava*, ia a uma aldeia próxima para o *bhiksha*[26], cozinhan-

25. *Langwa* e *kapra*.
26. Mendigar a comida.

do a seguir os vegetais com grãos de *zangora* e *shamaka* em sua panela. Comíamos com vontade essa refeição simples, estimulados pela fome. Quanto ao repouso, utilizávamos os abrigos de que todas as aldeias dispõem naquela região.

Não sei quantos já passaram por situações semelhantes. Não recolhíamos esmolas para os três, apesar de pedi-las de porta em porta. Se o viajante permanece num abrigo o dia inteiro vai morrer de fome, pois ninguém se dará ao trabalho de indagar se tem comida suficiente. Ele precisa sair e gritar diante de cada porta, "Dê-me um prato de comida, por favor! Uma esmola, por favor!" Não que todos os habitantes de Garhwal tenham o coração de pedra. Os da região[27] de Dasauli, ao leste, são mais hospitaleiros, especialmente nas cercanias de Badrinarayan. Há uma máxima em hindi que diz, *Garhwali sarikha data nahi, Laththa bagair deta nahi*, e quer dizer, "Os *garhwalis*[28] são bastante generosos, mas somente quando ameaçados."

Alguns anos depois tive a oportunidade de visitar novamente Garhwal e narrarei aqui, na medida do possível, um incidente de que me lembro. Nós três – Swamiji[29], Saradananda e eu estávamos indo de Tehri para Srinagar. Ao cair da noite, abrigamonos no *dharmashala*[30] de uma aldeia e humildemente pedi aos aldeões um pouco de lenha e fogo para acendê-la. Ninguém me atendeu. Depois de me dirigir a todos os habitantes e não obter resposta, lembrei-me daquela máxima. Então fomos os três para uma praça da aldeia e gritamos: "Tragam-nos fogo, tragam-nos

27. *Pargana,* região.
28. Habitantes do Garhwal.
29. Swamiji era como Swami Vivekananda era tratado por seus irmãos monges, ou *gurubhais*. *Ji* é um sufixo que demonstra respeito e consideração.
30. *Dharmashala*: hospedaria grátis doada pelos reis e comerciantes para abrigar os peregrinos e monges.

lenha." O efeito foi mágico. Cada um deles nos trouxe alguma coisa: lenha, *rotis*, leite e vegetais.

Ofereceram-nos todas essas coisas e nos rodearam humildemente com as mãos postas. A partir dali, não foi mais necessário dizer o que precisávamos. Estavam agora totalmente mudados, bem diferentes de quando eu recorrera humildemente a eles, em vão. Pareciam assustados, e creio que se tivéssemos gritado mais, teriam fugido e deixado suas cabanas e casas de portas abertas para nós.

MOSCA VENENOSA

Havia naquele lugar uma epidemia de caxumba. Não sei porque, já que não vira essa doença em qualquer outra parte da montanha. Devo mencionar também a presença da mosca venenosa: apesar de vista por toda parte no Himalaya, só ali ela me deu o prazer da sua dolorosa ferroada.

A mosca venenosa é pequena, de cor azulada e assemelha-se a um mosquito, mas não dispõe de nenhuma probóscide em formato de agulha. Suas pernas também não se parecem com as do mosquito. Embora sua picada provoque apenas uma minúscula gota de sangue e uma dor leve, quase imperceptível, depois de algum tempo começa a coçar. Se coçarmos, segue-se uma dolorosa inchação, como se tivéssemos tomado uma vacina contra a varíola. Como ninguém me acautelara contra o inseto, assim que fui picado não consegui parar de me coçar e, no dia seguinte, vi-me com grandes e dolorosos furúnculos. Mostrei-os aos meus companheiros, que me falaram da mosca. Não deixaram que eu me coçasse e aconselharam-me a usar esterco de vaca seco para aliviar o desconforto. Ai! Que ferrão venenoso tem essa pequena criatura! Um dos meus irmãos monges ficou hospitalizado por muitos dias por causa do veneno do inseto, que leva apenas um segundo para ser injetado.

Após dois ou três dias percebi que se não fosse por esses monges, teria sofrido terrivelmente de fome, sem conseguir obter nem ao menos verduras cozidas. Levava comigo apenas uma tigela para água, feita de casca de coco, mas meus dois companheiros tinham suas bolsas cheias de farinha de trigo, sementes comestíveis, sal, pimentas, panelas, copos, tigelas, frigideiras, pratos, conchas, colheres de sopa, papel, lápis, tinteiro, canetas. Traziam também dinheiro suficiente para a viagem.

Eu não tinha idéia de que precisaria de dinheiro no caminho para Jamunotri. Todos os anos vê-se um grande número de peregrinos na rota para Kedar, Badrinarayan e Gangotri, mas não para Jamunotri. Não há nenhuma estrutura para culto em Jamunotri, e o caminho é também muito árduo. Nós três éramos os únicos peregrinos indo para lá. Só na última aldeia os *Pandas*[31] de Jamunotri são avistados. A partir dali a estrada é muito íngreme e tortuosa. Para um estranho, era quase impossível alcançar Jamunotri sem ajuda, o que nos fez contratar os *Pandas* de Khasali como nossos guias. Muito preocupados com o pagamento, os *Pandas* não nos acompanhariam antes que pagássemos adiantado os poucos *annas* que lhes devíamos. Como eu purificara as mãos de dinheiro ao sair de Rajpur, se tivesse vindo sozinho acho que nenhum *Panda* teria me acompanhado a Jamunotri.

MONTANHA DE OURO

Foi ali que vi pela primeira vez a forma dourada do Himalaya, suas neves refulgindo aos raios do sol poente. Sempre cober-

31. *Pandas*, sacerdotes que cuidam dos templos na região de Jamunotri.

ta de imaculado branco, a montanha revestia-se agora de ouro líquido. Tomado de assombro ante tal grandiosidade pensei, "Que visão esplêndida! Amarelo brilhante e branco como a flor do *champak*[32]". *Himagiri*, a montanha de neve, surgia como *Hemagiri*, a montanha de ouro. Emudeci ante a gloriosa beleza, excessiva para ser descrita. Metade da montanha mostrava-se branca como a cânfora, como a prata, e a outra metade brilhava como ouro puro. Como a união de Shiva e Párvati, pensei.

SHIVA E PÁRVATI VIVOS

Somente nessas montanhas se pode ver a indescritível união de Hara e Gauri[33]. Contemplei o belo panorama e pensei que Himalaya, o pai de Uma[34], esquecera a dor da separação de sua filha e agora fundia-se a Shiva ao meditar constantemente sobre a forma Hara-Gauri de Ardhanariswara[35].

Via-se ali a serena beleza da Mãe Universal e o terrível aspecto de Shiva pronto para efetuar a dissolução do mundo! Ali estava a terra de Nara e Narayana cultuada pelos sábios, a sagrada terra conhecida como Badarikashram, nas vizinhanças do rio Alakananda; o território purificado por incontáveis sábios, *siddhas*, *charanas*, *yakshas*, *kinnaras* e *gandharvas*[36] que mora-

32. *Michelia champaca*, da família magnoliaceae, também conhecida como magnólia amarela. *N. do Ed.*

33. Outros nomes de Shiva e Párvati.

34. Outro nome de Párvati.

35. Na mitologia hindu, Ardhanariswara é uma das principais formas do Senhor Shiva. Essa deidade é formada por Shiva e Párvati juntos na mesma figura, metade Shiva, metade Párvati e significa a inseparabilidade dos aspectos masculinos e femininos. Nessa forma, o Senhor Shiva e a sua consorte Párvati são vistos como os pais do universo.

36. *Shiddas*, aqueles que atingiram a perfeição, *charanas*, cantores celestiasi, *yakshas*, anjos, *kinnaras*, semideuses, *gandharvas*, também cantores celestiais.

ram lá. O canto de diversos pássaros coloridos ressoava pela mata de árvores quase divinas, com galhos pesados de frutos maduros e flores cheirosas, e uma trepadeira chamada *soma*[37], cuja seiva revivia os moribundos. Por ali vagava o almiscareiro, entre lagoas e lagos de beleza sobrenatural e águas cristalinas perfumadas pelas flores caídas das árvores à sua volta. Aquela sim, pensei, era de fato a morada da beleza, da paz e da felicidade, onde Gauri, a Mãe Universal, abençoava todas as criaturas do mundo.

Ocorreu-me de novo que essa era a forma verdadeira de Rudra[38]; os rochedos pontiagudos e escarpados cobertos de neve, de onde descia uma corrente caudalosa de água irrompendo sobre as pedras, formando lá em baixo lagos límpidos como o cristal, profundos como o próprio abismo, e penhascos rochosos, alcantilados, com despenhadeiros cheios de cavernas – tudo sendo, de fato, as formas de Shiva espalhadas por toda parte em mil aspectos distintos, eguendo-se até as nuvens. Parecia que Shiva estava prestes a começar a dança que abalava o mundo.

Ninguém pode ser insensível a ponto de não reconhecer que uma visita ao Himalaya é na realidade uma visita ao lar celestial de Párvati e Shiva, que realizam os desejos de seus devotos ao surgirem para eles como uma forma viva.

Em lugar algum me deparei com um espetáculo tão arrebatador como o grandioso Himalaya, fascinante e inspirador! Contemplei as diferenças entre Uma e Mahesh[39] sentindo uma felicidade indescritível!

37.O nome botânico da trepadeira *soma* é *sarcostemma brevistigma.*

38. Na mitologia hindu, Rudra é o deus da tempestade, do trovão e da caça, citado no *Rigveda.* Rudra é outro nome de Shiva.

39. Outros nomes de Shiva e Párvati.

Não é preciso aprofundar ainda mais a descrição da alegria que senti. Os leitores que nunca visitaram o Himalaya deveriam fazê-lo pelo menos uma vez na vida, para que sua existência terrena adquira sentido.

JAMUNOTRI

O caminho para Jamunotri se tornara mais áspero e difícil após deixarmos a aldeia. Saindo de um local chamado Bhairavaghati, tivemos de enfrentar uma subida íngreme agarrando-nos em troncos e galhos de bétulas. Muito inclinado, o atalho abria caminho entre agudos penhascos cobertos de neve, na montanha por onde o rio Jamuna precipitava-se, correndo em direção às extensas planícies de Vrindávana lá embaixo, assim realçando o encanto das atividades de Krishna por lá. Em Jamunotri há um grande templo e dois ídolos representando o Jamuna, um de prata e outro de pedra. Há também uma fonte de água quente, assim como uma caverna subterrânea bem tépida e confortável. No Himalaya vi inúmeras fontes de águas quentes e sulfurosas, mas aquela é excepcionalmente boa. Ouvi falar de uma fonte assim em Manikarnika, próximo a Kangra.

Cozinhamos ao lado da fonte arroz, *roti* e *dhal,* e fizemos uma boa refeição. Depois de nos deixarem lá, os *Pandas* retornaram; nós três então passamos a noite na quente caverna subterrânea, protegidos dos ventos gelados que sopravam lá fora. No dia seguinte deixamos o lugar e voltamos à aldeia onde moravam os *Pandas.* Em minhas peregrinações no Uttaranchal passei uns sete dias com esses dois monges. Depois, voltamos de Jamunotri e eles partiram para Gangotri via Uparikot, enquanto eu chegava a Uttarkasi via Jamadagni Makan pelo caminho que acompanha o Ganges.

3
Gangotri

UTTARKASI

A JORNADA DE Jamadagni Makan a Uttarkasi leva cerca de dois dias por uma região tão infestada de ursos que até os montanheses evitam viajar sozinhos. Na pequena aldeia que encontrei no caminho, o povo não sabia o que era roubo: nenhum deles trancava as portas ou os cofres. Tive de caminhar através da floresta profunda e, para sorte minha, não me deparei com nenhum animal selvagem.

Há muito tempo, quando era garoto, eu lera a história de um urso e dois viajantes. Pois o que ouvi sobre os ursos do povo da montanha confirmou o que li. Eles me contaram que se ficarmos frente a frente com um urso na floresta, devemos simplesmente cobrir o rosto com um pedaço de pano e ficar imóveis. Desse modo o urso não criará problemas. O animal geralmente ataca o rosto da vítima com a pata, rasgando-lhe os olhos. Se a pessoa protege o rosto e se imobiliza, o urso não lhe causará mal algum. Tratei de guardar essa informação útil na memória, na eventualidade de me defrontar com um desses animais. Um habitante de Jamadagni Makan também me acompanhou por um dia.

Uttarkasi é chamado de "Barhat" pelo povo da montanha, e dali o Ganges corre para o norte. Há muitos templos, sendo que um deles é dedicado a Viswanath de Kasi. Por isso, o local nos recorda Varanasi. Tem-se a impressão de que o Senhor Viswanath chegou àquela região montanhosa para absorver-se na prática de austeridades[40]. Deixei Uttarkasi e cheguei a Bhatwari no mesmo dia, depois de cobrir uma distância de cerca de trinta quilômetros. No caminho vi alguns peregrinos vindos do estado de Maharashtra, que me ofereceram algo para comer. Ao meio-dia comi um pouco e, após descansar por algum tempo, retomei a jornada. Caminhei o dia inteiro.

O RENUNCIANTE DESAMPARADO

O sol agora quase alcançava o poente. A aldeia Bhatwari ainda estava a mais de um quilômetro e meio de distância quando, no caminho, vi um renunciante deitado no chão, coberto com um pano ocre. Caía uma chuva fina. Perguntei-lhe por que estava deitado ali já que a aldeia não ficava longe. Ele respondeu que estava doente e fraco demais para carregar seu fardo. De qualquer modo, também não conseguia avançar além daquele ponto. Desamparado, simplesmente deitou-se no chão e ali ficou. Eu não podia prosseguir deixando-o naquele estado deplorável, num local solitário. Mas como levá-lo até Bhatwari? pensei. Sua bagagem era carga para um homem adulto: se houvesse alguém que pudesse levá-la, eu teria aguentado carregar o renunciante e chegaria à aldeia mesmo com dificuldade. Refletia sobre o que fazer quando vi um peregrino *brahmachari*; contei-lhe os apuros do renunciante. Sem uma palavra ele simplesmente

40. *Tapasya*.

ergueu a bagagem e encaminhou-se para Bhatwari. Ajudei o renunciante a pôr-se de pé: era um homem alto e grande que pairava sobre mim como um penhasco. Dei-lhe minha bengala de bambu para que se apoiasse nela e, segurando-o pela cintura, avançamos passo a passo pelo caminho estreito. Lá embaixo, num dos lados da escarpa a pique, o Ganges corria com muita força. Depois de caminharmos uma certa distância o renunciante desmaiou, desabando no chão. Por um triz não rolamos mil e seiscentos metros e fomos arrastados para o oceano pelas águas do Ganges. O renunciante tremia de medo, dizendo que agora ele não poderia se mover dali. Eu também achava quase impossível que ele andasse até a aldeia; então fui a Bhatwari e contei o problema aos aldeões. A noite avançava, e apesar de minhas tentativas para convencê-los, ninguém quis me ajudar. Finalmente, um homem chamado Biju propôs buscar o renunciante comigo em troca de quatro *annas*, no que concordei.

Vendo que me acompanhava de mãos vazias, pedi-lhe que levasse um *kandi*, a cesta que se amarra nas costas para transportar carga. O povo da montanha carrega cargas pesadas nessas cestas. Biju, porém, não queria se dar ao trabalho de conseguir um *kandi*, e disse que levaria o renunciante nas costas. Ao chegarmos ao local, o enorme e desamparado renunciante continuava no mesmo lugar. Biju o pegou e colocou-o nas costas, mas as longas pernas do renunciante arrastavam-se pelo chão, o que devia ser muito doloroso. Daquele jeito, achei que o homem não sobreviveria. Como Biju agora também chegasse à conclusão de que seria impossível levar o renunciante nas costas, nós o deixamos e voltamos à aldeia em busca de um *kandi*. Já que alguns peregrinos tinham trazido de Gangotri grandes latas de água do Ganges nessas cestas, pedimos que nos cedessem uma por algum tempo. Não confiando em nós, eles relutaram. Nesses locais de peregrinação, as pessoas estão sempre com medo de serem enganadas e ninguém faz um favor para um estranho tarde da noite. Só me emprestaram um *kandi* depois que dei meu cobertor em garantia. A noite já estava bem avançada, mas havia estrelas no céu e a luz do luar. Assim, caminhando pelo terreno irregular e acidentado, conseguimos finalmente levar o renunciante para a aldeia.

NENHUM ESPAÇO PARA O DOENTE

Ali, enfrentamos outro problema. Nas proximidades da aldeia há uma roda d'água, um abrigo, um palácio abandonado do Rajá de Tehri e alguns quartos para peregrinos. Como o renunciante doente não podia ficar ao relento na noite gelada, tentei achar um quarto para ele, mas todos estavam ocupados. "Vamos levar o renunciante para o abrigo", sugeriu Biju.

Quando chegamos lá, o lugar parecia apinhado e gritaram para nós lá de dentro, "Vão embora, vão embora". A escuridão era grande, e eu não conseguia distinguir quem estava lá. Após algum tempo, vim a saber que um bando de *nagas vaishnavas* se instalara no abrigo, ocupando-o inteiramente. Mesmo assim, como a situação era aflitiva, postei-me à entrada e solicitei aos monges que acomodassem o renunciante doente, mas eles não quiseram me ouvir. Para piorar as coisas, começaram a nos xingar e estavam dispostos a nos expulsar à força dali. Sentia-me numa posição constrangedora mas, ao mesmo tempo, estava determinado a encontrar um lugar para o renunciante doente. Sem perder a calma, expliquei a situação e tentei argumentar com eles, pedindo-lhes com muita firmeza que o recebessem.

Os ocupantes do abrigo não se mexeram. Finalmente, vendo que eu estava decidido a acomodar o doente ali, cerca de dezessete robustos monges *naga* precipitaram-se para fora, amaldiçoando-me e fixando-me com olhos vermelhos e ferozes. Eu me perguntava por que estariam tão furiosos comigo: na verdade poderiam ter acomodado facilmente um doente ali. Depois que abandonaram o quarto demonstrando repulsa, ajudei Biju a instalar o doente num canto do aposento. Eram cerca de dez horas da noite. Bastante aliviado, devolvi a cesta e peguei meu cobertor de volta, pedindo a Biju que viesse me procurar no dia seguinte.

ELE É UM PARAMAHAMSA

Os *nagas* dormiram na varanda que rodeava os quatro lados do abrigo e eu, sob uma árvore perto dali. Ao acordar no dia seguinte, vi alguns *nagas* olhando-me fixamente, atônitos. *Are yah to paramahamsa hai. Nahi to itni gali galouj kaise saha sakta?*, disse um deles. [Ah Deus! Ele é um Paramahamsa. Se não, como poderia ficar tão calmo quando nós o xingamos tanto?] Então alguns deles vieram a mim e expressaram remorso pelo que aconterecera à noite. Eu não disse nada; entrei no quarto e dei uma espiada no renunciante, agora felizmente muito melhor.

Depois de recolher lascas de madeira, acendi um *dhuni*[41] diante dele. Vendo isso, o renunciante pegou um pouco de farinha na sua bagagem e me pediu para cozinhar alguns *rotis*. Enquanto conversávamos, disse-me que era de Marwar, e sua peregrinação se estendera também a Badri e Kedar. Passara mal

41. Fogo improvisado por um monge para cozinhar.

no caminho, pois sofria de hemorróidas. Além disso, alguém roubara seu dinheiro, acrescentou pesaroso.

O MONGE MESQUINHO

Biju chegou enquanto eu falava com o renunciante. Pediu-lhe então que pagasse os quatros *annas* pelo trabalho do dia anterior, como fora combinado. Aborrecido, o renunciante respondeu que não tinha dinheiro, não podendo lhe dar um tostão sequer. No entanto, trazia consigo diversos pertences – utensílios, roupas e outras miscelâneas. Se tivesse oferecido uma dessas coisas a Biju, ele ficaria mais do que satisfeito. O próprio Biju chegou a sugerir semelhante solução, mas o renunciante mostrou-se inflexível. Depois de zangar-se com Biju, censurou-me por ter pedido a ajuda do aldeão para carregá-lo no dia anterior. Temendo que a irritação lhe agravasse a doença, pedi a Biju que fosse embora e prometi dar-lhe algo mais tarde.

Após cozinhar alguns *rotis*, alimentei o doente. Então, depois de tomar banho, fui para a aldeia pedir esmola. Os aldeões foram muito bons comigo naquele dia: ao ouvirem minha história, um deles me deu dois *annas* e outro prometeu–me outros dois *annas* mais tarde, resolvendo o problema do pagamento de Biju.

O DESTINO DO CORPO

Quando voltei da aldeia para o abrigo, descobri que o renunciante estava à morte, com a garganta sufocada pela secreção e moscas pairando em volta da sua boca aberta. Antes de deixá-lo eu não tinha idéia de que o encontraria moribundo. Ergui a voz e chamei-o, mas em vão: ele já estava além de qualquer chamado. Há poucas horas esse mesmo homem mostrara-se apegado a seus bens, sem qualquer senso de gratidão, praguejando contra os próprios benfeitores. Não se envergonhara de insultar alguém que o trouxera para um lugar seguro e confortável. Seu corpo – o receptáculo do seu ego –, que reagia subitamente ante uma única mosca se movendo em torno dele, estava agora à mercê de enxames de moscas. Os bens a que tanto se agarrara estavam prestes a serem confiscados. Enquanto estive na aldeia, um inventariante do Rei de Tehri fora até o abrigo e fizera uma lista de todos os pertences do renunciante para o escritório do coletor de taxas.

Então coloquei um pouco da água do Ganges na boca do renunciante, cantei os nomes do Senhor em seu ouvido e assim ele expirou. Após certo tempo, tendo sabido de sua morte, o inventariante apareceu de novo e recolheu todos os seus pertences. Para minha surpresa, descobri que havia dois *annas* entre suas coisas. Pedi-lhe que me desse aquele dinheiro e passei-o para Biju, liberando-me do pagamento.

Não foi fácil remover o corpo do morto. Fiquei triste ao ver que nenhum brâmane ou *rajput* da aldeia realizaria seus últimos ritos. Não havendo alternativa, seu corpo foi finalmente jogado no Ganges com a ajuda de dois homens, um modo fácil de realizar os últimos ritos naquela área montanhosa. Perdi dois ou três dias em Bhatwari por causa disso.

TRANSE EM GANGOTRI

Saí de Bhatwari e cheguei a Gangotri quatro dias depois. Dharasu, a última aldeia antes de Gangotri, distava cerca de quarenta quilômetros. Após percorrer metade do caminho, alcancei Bhairava Zola, onde os peregrinos para Gangotri fazem uma pausa para o culto antes de prosseguirem. Não há no local nenhuma habitação humana, *chatti*[42] ou loja, exceto esse pequeno templo. Após alcançar Bhairava Ghati, eu me perdi. Vaguei um pouco por onde outro rio, o Bhot-Ganges, flui para a corrente principal do Ganges. Depois de algum tempo, entretanto, consegui desembocar na estrada principal.

Enquanto prosseguia ao longo da estrada para Gangotri, a magnificência do Himalaya começou a desdobrar-se perante os meus olhos. A imensa cordilheira em forma de tartaruga, coberta de neve imaculada, ergueu-se diante de mim. Dessa montanha precipitava-se o rio Ganges em curvas bruscas e águas gorgulhantes como se cantasse "Hara, Hara". Embora mais estreita em Gangotri, a corrente do Ganges tem força suficiente para arrastar os cem elefantes brancos de Indra. A rapidez e a impetuosidade de suas águas cristalinas talvez tenham como objetivo santificar os inúmeros *jivas*[43] nesse planeta mundano. Por entre altas montanhas e suas encostas superiores cobertas de neve corre o rio Ganges e, abaixo dos cumes nevados, vêem-se imensos pinheiros. Dos dois lados do rio há rochas brancas, lisas como mármore, empilhadas umas sobre as outras como um "altar védico". Tão tocante era o panorama que me abandonei inteiramente a ele, sentindo que não estava mais na terra. Andei sobre as rochas, sentando ora em uma, ora em outra, pois achava que jamais veria semelhante paisagem novamente. Através da visão e outros sentidos absorvi o máximo da divina beleza e da serenidade do Himalaya, que preencheram meu coração até a borda.

42. *Chatti*: um cômodo espaçoso onde viajantes descansam a caminho de centros de peregrinação.
43. Almas individuais.

Sem noção de que o dia quase terminara, eu não conseguia abandonar o local. Vendo-me nesse estado de transe, o monge que eu encontrara antes de chegar a Bhairava Zola conseguiu despertar-me, levando-me com ele para Gangotri. Como havia assado alguns *rotis* no caminho, deu-me de comer. Chegamos a Gangotri no crepúsculo. Há uma linda imagem da Mãe Ganges forjada em metal e um templo de pedra erguido para ela em Gangotri. Eu me sentia muito feliz. A cidade tinha também umas poucas casas pertencentes aos sacerdotes onde os peregrinos podiam ficar, além de uma ou duas lojas para suprir as suas necessidades. O monge, que habitava uma caverna junto ao *ghat* no rio, ia a Dharari e outros lugares e recolhia esmolas para alimentar os peregrinos e renunciantes. À época, não havia nenhum abrigo em Gangotri. Se o monge não cuidasse dos peregrinos, seria impossível que uma pessoa como eu ficasse em Gangotri por um dia sequer.

GOMUKHI

A Gangotri original, ou Gomukhi, fica a cerca de quarenta quilômetros dali. A encosta da montanha por onde flui o rio é tão acidentada que ninguém a escalara até então. Soube que um viajante europeu havia tentado, mas não retornou; talvez morrera ao subir. Muitos outros montanhistas ingleses tentaram fazer essa escalada, mas ninguém teve êxito. Consegui subir no máximo um quilômetro e meio: os flancos da montanha são excessivamente escarpados e, quando a neve derrete, tornamse ainda mais escorregadios. Por esse motivo, o banho sagrado em Gangotri é tomado naquele local desde tempos imemoriais. Bhagavan Shankaracharya também realizou suas abluções em Gomukhi e consagrou um templo. A rocha na qual os peregrinos fazem suas abluções é conhecida como Bhagiratha Sila. Vi no local um *lingam* muito bonito, feito de cristal, que os sacerdotes cobrem com uma cúpula de cobre.

O número de peregrinos ali é muito pequeno, comparado com a massa que aflui a Badrinath ou Kedarnath; quase todos eles vem de Maharashtra e a maioria volta depois de passar a noite no local. A Mãe Ganges é cultuada somente seis meses por ano, período em que os peregrinos se amontoam na área. Não há uma boa estrutura para o culto nem para a distribuição das oferendas de comida aos devotos. Os monges recebem apenas uma porção mínima de alimento à tarde, e mesmo assim apenas por dois dias.

O BRÂMANE NA CAVERNA

Vaguei pelas margens do Ganges. Enquanto andava na direção de Gomukhi, notei à distância uma caverna muito espaçosa, tornada habitável pela colocação de tábuas de madeira em seu interior; tinha duas portas e uma pequena caverna por trás da caverna principal. Um brâmane do distrito de Moradabad ocupava a caverna principal. Ele passara os últimos dias fazendo *japa,* repetindo o Gayatri Mantra[44]. Com sua permissão ocupei a caverna pequena. Dentro de um ou dois dias uma grande cordialidade nos uniu. Soube que não deixara a caverna nos últimos dois dias e ninguém se importara com isso. Contudo, preocupado ao saber que ele não comera por todo aquele período, voltei ao templo de Gangotri para obter algo que pudesse levar para ele. O Senhor seja louvado! Quando cheguei a Gangotri, um homem rico de Delhi dava um banquete de *halwa* e

44. Este mantra está no CD "Haribol", de Tomaz Lima, o Homem de Bem. *N. Ed.*

puri para os monges, brâmanes e renunciantes[45], que tiveram uma farta refeição naquele dia, embora ninguém se lembrasse do brâmane na caverna. Falei sobre ele ao homem de Delhi, que imediatamente foi comigo para ver o ascético brâmane, dando-nos arroz, farinha de trigo, açúcar mascavo e manteiga suficiente para oito ou dez dias. Fiz o brâmane comer arroz-doce e *chapatis*, e ele logo satisfez sua fome. Passara a ter muita afeição por mim.

Uma fogueira feita com toras cheirando à resina e terebentina das árvores coníferas, abundantes na floresta, era mantida acesa por toda a noite na caverna. A madeira das coníferas arde bem, e serve como lampião e tocha naquelas paragens. A vida nessa região gelada seria muito penosa sem essas árvores concedidas generosamente por Deus aos homens.

DEUSES EM HIBERNAÇÃO

Kedar, Badri e Gangotri ficam no extremo norte do Himalaya e são habitados cerca de seis meses por ano. A deidade é desvelada depois do *akshayatritya*[46] e no final do mês de maio inicia-se o culto, com o templo aberto aos peregrinos. Em meados de novembro o altar é coberto novamente e todas as atividades terminam. Como nessa época começa a nevar, o local torna-se quase inaccessível, o que interrompe o fluxo de peregrinos. Diz-se que esse é o período da peregrinação dos *devas*. Os *devas* chegam e cultuam as deidades. No ano anterior um renunciante quis permanecer lá depois que a deidade fora coberta. Com

45. *Sannyasin.*
46. Dia sagrado, que corresponde ao terceiro dia do calendário lunar do mês de *baisakha,* o primeiro mês do ano, que vai de meados de abril a meados de maio.

o objetivo de facilitar sua permanência para realizar austeridades, um senhor de Dharari tornara a caverna habitável para ele, estocando também uma caixa com provisões para uma estada de seis meses. Entretanto a firmeza do renunciante não era das maiores. Permaneceu ali por alguns dias; quando a temperatura desceu, porém, não aguentou o frio e desistiu.

Após uma semana, parti de Gangotri retomando minha jornada. Trouxera uma garrafa vazia de Tehri para enchê-la de água do Ganges, o que fiz ali. O eremita brâmane já então se tornara tão ligado a mim que pensou em me acompanhar após o *purascharana*[47] a que se propusera. Como eu desejasse completar a peregrinação do Uttaranchal sozinho, tentei dissuadi-lo de tal idéia, mas ele não se deixou convencer. Após sairmos de Gangotri, ficamos juntos por um dia em Dharari. Meu desejo de viajar sozinho era tão grande que, com alguma dificuldade, rompi os delicados laços de afeição que nos ligaram nesse ínterim e parti sozinho para Uttarkasi, com a intenção de chegar a Kedarnath.

O GRILHÃO SATTVIC[48]

Deixei o brâmane simples, afetuoso e sincero em Dharari, mas não consegui esquecê-lo logo, pensando nele constantemente.

Quando nos separamos, ele ficou tão emocionado que não conseguiu pronunciar uma só palavra, os olhos marejados de lágrimas enquanto me fitavam. Extremamente comovido também, pensei um momento comigo mesmo: "Por que não deixá-lo me acompanhar?" Mas controlei meu impulso. Se cedesse, não me seria possível continuar a viagem com a liberdade que só

47. Processo espiritual para despertar um mantra.
48. *Sattvic*, de natureza elevada, calma e pura.

a total solidão nos traz, como planejara anteriormente. Assim, afastei tais pensamentos e inicei minha descida de Gangotri.

Sri Ramakrishna

18 de fevereiro de 1836 – 16 de agosto de 1886

4
Chandravadana

O DESVIO

Duas trilhas unem Gangotri a Kedarnath. Uma delas via Bhatwari, Buda Kedar e Triyugi Narayana, e a outra via Uttarkasi.

Os peregrinos que visitam Gangotri podem seguir um desses dois caminhos. Eu teria escolhido o caminho mais usado, mas voltei a Tehri por uma razão especial. Antes de partir para Gangotri, tomei conhecimento que entre Tehri e Devprayag, na floresta profunda, há um belo templo da deusa Chandravadani coroando uma íngreme colina. Esse lugar é um dos cinquenta e dois locais sagrados dedicados a Dakshayani Sati, e vi-me ansioso para visitá-lo desde que ouvira falar dele. Caso não retornasse a essa área após visitar Badri-Narayan e Kedarnath, nunca mais veria o templo.

Assim, voltei a Tehri e segui para Kedarnath e Badri-Narayan por uma rota mais comprida. Sem dúvida, poderia ter completado minha visita a Badri-Narayan em metade do tempo, se fosse direto de Bhatwari.

O tempo, porém, não tinha a menor importância naquela região.

DIARRÉIA EM UTTARKASI

Na viagem de volta tomei o mesmo caminho que me levara a Gangotri. Dessa vez, porém, ao chegar a Uttarkasi, fui acometido por uma forte dor de barriga, talvez o que chamam de diarréia da montanha. Não sabia o que fazer. Uttarkasi é um local sagrado – uma Kasi [Varanasi ou Benares] em miniatura. Ali também tem o Manikarnika Ghat, os templos de Viswanath, Annapurna e outros deuses e deusas. Comparativamente populosa nessas regiões de baixa densidade demográfica, a cidade fica apinhada durante os dias de peregrinação. Para não ter de sair repetidamente dela, abriguei-me nos seus arredores, às margens do Ganges. Seria melhor permanecer num local solitário, entre grandes rochas, até ficar livre da diarréia. Durante dois dias, período que ela durou, não pude sequer pensar em visitar a cidade, situada um pouco distante. Sentia-me extremamente fraco, e não vi uma única pessoa durante esse tempo. No terceiro dia, pensei em voltar à cidade.

O ANJO DA GUARDA

Mal acabara de pensar nisso quando notei que um homem daquela região se aproximava. Com as roupas um pouco sujas, perguntou como me sentia. Vinha saber se eu estava doente e se precisava de ajuda para chegar à cidade. Quando tomou conhecimento do meu estado lastimável nos últimos dois dias, seus olhos se encheram de lágrimas. Também comovido por suas indagações e solidariedade, pensei comigo mesmo: "Quem será esse homem? Quem o terá enviado aqui? Por que se dá ao trabalho de me confortar?" Acho que não poderia ter chegado à cidade sem a sua ajuda. Ainda assim, muitos dias se passariam até que eu pudesse recuperar as forças depois da minha grave doença.

Antes da sua chegada, eu me perguntava para onde me dirigir nesse lugar desconhecido; quem me daria um pouco de arroz bem cozido e limão para acompanhá-lo? Felizmente não tive de cogitar sobre isso por muito tempo: como enviado por Deus, o homem chegou e aliviou-me das minhas preocupações. Com muito cuidado me ajudou a levantar e, amparando-me, conduziu-me lentamente à sua pequena cabana numa extremidade da cidade. Seus únicos pertences eram duas ou três panelas de barro e uma lareira composta de três pedras.

De algum lugar, o homem trouxe um limão e rapidamente cozinhou um pouco de arroz. Alimentou-me afetuosamente, fazendo o máximo para que eu ficasse confortável. Quando terminei a refeição, ele se mostrou muito contente. Meu coração se enche de gratidão quando lembro esse incidente. Ah! Que satisfação tinha aquele homem de alimentar o hóspede! Não sei quantos hóspedes e pessoas doentes como eu visitaram sua pequena cabana no decorrer dos anos. A cabana despojada e seu habitante humilde causaram-me uma profunda impressão. Jamais poderei esquecer a generosidade natural e o comportamento amoroso desse homem tão comum. Não havia nenhum utensílio ou prato onde se pudesse comer e sim duas pedras chatas. A refeição foi servida nelas e comemos com o máximo de apetite que se podia desejar.

A LOUCURA ENCOBRINDO UMA RARA COMPAIXÃO

A cabana no Uttarkasi ficou para sempre gravada no meu coração, assim como seu habitante. Talvez ninguém conhecesse bem esse homem bondoso, de sentimentos tão generosos. Possivelmente todos o consideravam louco. Ele vinha de alguma aldeia próxima a Uttarkasi, sendo por casta um brâmane; era bem bonito, mas parecia bastante indiferente à própria aparência: não penteava o cabelo, não o tratava com óleo e suas roupas também não eram muito limpas. Por isso seus belos traços no início não eram notados. Mas tinha um brilho natural no rosto e parecia estar sempre sorrindo, o que levava os outros a considerá-lo maluco. Contudo, achei que se fingia de louco para que não percebessem a sua grandeza espiritual e a sua verdadeira natureza; tive a impressão de que desejava passar despercebido e que fosse deixado de lado como alguém sem valor. Embora fosse um brâmane, amava a todos e ajudava-os em suas dificuldades. Como não observasse as regras da sua casta, os outros brâmanes consideravam-no um tolo e não queriam nada com ele. Não consegui discernir, porém, nenhum sinal de loucura naquele homem: era um pedaço de carvão ardente coberto de cinzas. Ao falar com as outras pessoas, costumava divagar incoerentemente, embora jamais falasse assim comigo. Quando se dirigia a mim era sempre muito simples e lógico.

Sob os cuidados pacientes e compassivos desse homem incomum, recuperei-me inteiramente em dois ou três dias. Sem qualquer significado aos olhos dos outros, a pequena cabana era para mim um local extremamente sagrado que eu guardaria na lembrança pelo resto da vida. Não consigo imaginar como ele pôde ter sabido de mim e da minha doença, nem o que o fez ir àquele local solitário e se dar ao trabalho de cuidar de mim até que eu recobrasse a saúde. Afinal eu era um estranho: por que ele teria se importado tanto comigo? Com um coração menos solidário, ninguém o entenderia. Contudo, sua bondade não se voltava apenas para mim: feliz, servia a qualquer um que necessitasse, oferecendo-lhe a comida que costumava coletar para si mesmo. Comia muito pouco, e ficava satisfeito com a pequena quantidade de alimento que lhe era oferecido. Tinha sempre no rosto uma expressão plácida e serena.

BONDADE INCÓGNITA

Finalmente soube com certeza que ele, tolo na aparência, não era um homem comum. Como poderia considerar tolo aquele homem inteligente, amoroso, de grande coração? Como classificar os que não conseguem reconhecer a grandeza de seres tão solidários que se deleitam em servir os outros sem qualquer idéia de retribuição? Frequentemente tenho encontrado hospitalidade, amor e generosidade de coração na cabana dos pobres. Tais qualidades raramente são achadas nos palácios, onde há mais do que o suficiente para dividir. Mesmo hoje, vemos que alguém com fome receberá comida na cabana mais pobre de nossa terra. Fui testemunha silenciosa de tais sacrifícios muitas vezes nas minhas peregrinações. Vi o lampião da bondade humana brilhando com força na mais humilde cabana, enquanto uma fria indiferença obscurecia o palácio dos ricos. É verdade que na cabana do pobre você não conseguirá bens materiais, mas ela pulsará com o calor do coração humano. Há homens ali que entenderão você, solidários com as suas dificuldades. O mérito do pobre de coração generoso, na sua pequena cabana de sapê, é frequentemente maior do que o do rico que vive numa mansão. Nossa grande cultura é perpetuada pelos pobres em cabanas de sapê.

Há muito tempo atrás, o sábio Bharadwaja, numa cabana de sapê nas vizinhanças de Prayag[49], fez surgir das suas auste-

49. Prayag, que em sânscrito significa "lugar de sacrifícios"), é outro nome de Allahabad.

ridades glória e felicidade suprema para oferecer hospitalidade à rainha mãe Kausalya, Bharata, Satrughna e aos residentes de Ayodhya. Lembrem novamente do brâmane que costumava viver dos grãos que recolhia no campo depois da colheita. Sua família morria de fome devido à escassez. Certo dia em que ele conseguiu um pouco de farinha de trigo, chegou um hóspede; então, o faminto brâmane ofereceu-lhe a farinha e morreu de fome. Surgiu então um mangusto que rolou pelo chão e metade de seu corpo tornou-se de ouro. Algum tempo depois, numa cerimônia religiosa no palácio do Imperador Yudhishthira, o mangusto declarou que a sua glória não podia ser comparada ao sacrifício do brâmane. A mesma glória e poder de *tapasya* não estão extintos nas cabanas da Índia [Bharata]. As choupanas dos pobres ainda alimentam a cultura da nossa terra. Glória a Bharata!

SÁBIO DISFARÇADO

Aquele pobre homem cuidou de mim até eu recobrar a saúde. Ainda estava muito fraco para empreender viagem, mas mesmo assim decidi deixar Uttarkasi e partir para Tehri. Visivelmente comovido, ele tentou me persuadir a continuar lá por mais alguns dias. Entretanto, como tinha uma longa jornada pela frente, achei melhor me pôr a caminho: se perdesse mais tempo não conseguiria completar a peregrinação como pretendia. Ele finalmente concordou com a minha partida e deixei Uttarkasi.

O santo homem acompanhou-me até determinado ponto do caminho. Vendo sua natureza desprovida de malícia e sua sincera afeição por mim, fiquei bastante comovido. Não sabia como retribuir o que fizera por mim. Como se entendesse o que eu estava pensando, ele comentou casualmente ser aquela região muito gelada. "Jamais usei um cobertor em toda a minha vida," acrescentou. Ao ouvi-lo dizer isso, fiquei muito aliviado: ali estava a solução do meu problema. Coloquei meu cobertor nas suas costas e disse a mim mesmo, "Que sorte a minha poder satisfazer um desejo tão insignificante de alguém bom e gentil". Finalmente nos separamos e prossegui sozinho. Ele continuou ali, fitando-me, enquanto eu me distanciava. "Tenho certeza que, embora aparentemente louco, esse homem é um grande sábio disfarçado", pensei. Quando garoto, contaram-me que grandes sábios comportam-se como loucos para continuarem incógnitos entre as pessoas. O homem de Uttarkasi devia ser um deles.

Perdi uns quatro dias em Uttarkasi por causa da doença e levei mais quatro dias para chegar a Tehri. Não vira o atalho de Uttarkasi para Gangotri via Dharasu ao deixar a estrada pavimentada Dharasu-Gangotri; então, enveredara por uma trilha diferente para Jamunotri, de onde retornara para Uttarkasi, estando agora a caminho de Gangotri. Não lembro de qualquer acontecimento digno de nota na minha viagem de volta. Ao chegar a Tehri tive uma recaída da diarréia – provavelmente por ter partido sem estar completamente curado. Em Tehri, mais uma vez um jovem brâmane veio em meu socorro, cuidando de mim de um modo calmo e imperturbável. Não fiquei ali mais de dois dias. Enviei a água do Ganges trazida de Gangotri para nosso monastério de Baranagar, em Calcutá, por um funcionário público da Bengala. A água do Ganges é usada para o culto diário do Mestre.

Ao partir de Tehri, dirigi-me ao templo de Chandravadana por uma trilha que cortava uma densa floresta. Deparando-me com uma ou duas pessoas no percurso, perguntei-lhes a direção que deveria seguir. Após caminhar quase o dia inteiro, à noite tive um vislumbre do templo no alto de um monte íngreme, cercado por uma floresta fechada.

O MONTE DE SATI

Achei que aquele monte, afastado das montanhas adjacentes, fora especialmente criado pelo Senhor para abrigar o templo da deusa Chandravadana. Pensei comigo mesmo que o grande e glorioso Himalaya instalara em um de seus cumes a grande Mãe do Universo e inclinara todas as suas cabeças ante ela em perfeita obediência. Era como se Ele a cultuasse com frutas e flores perfumadas, aumentando assim a sua própria glória. Elevando-se sozinho e quase perpendicular, o cume aumenta extraordinariamente com sua presença a beleza natural do lugar.

Ao chegar à aldeia situada ao pé do monte, observei que todos os seus residentes eram muçulmanos, sendo a única em todo o distrito de Garhwal predominantemente dessa religião. Eles fabricavam braceletes de laca, usados pelos montanheses da região. Como não havia nenhum lar hindu na aldeia, só me restava deixar o lugar e subir o monte. Mas como prosseguiria, sem ninguém que pudesse guiar-me? Contornei o monte e finalmente encontrei uma trilha que levava ao templo. Subindo por ela, cheguei ao meu objetivo já em plena noite.

O alto do monte era achatado como se especialmente destinado a receber o templo da Mãe. Tive a sensação de estar muito acima dos ruídos e agitações do mundo dos homens, que se deleitam em discutir e brigar uns com os outros. Reinava ali uma quietude perfeita. Nem um som ou murmúrio terreno era audível, como se todos os seres animados ou inanimados tivessem feito um voto de silêncio. Qualquer um que chegasse ali mergulhava nessa mesma quietude divina. Contemplei então a extensão interminável do Himalaya. Meu cansaço desaparecera e eu flutuava na atmosfera etérea dos inumeráveis cumes que saindo da terra apontavam para o céu. As montanhas de picos cobertos por densas camadas de neves perenes iluminavam os arredores com seu sorriso ofuscante, indicando a grandiosidade do Grande Deus. Raios de prata e ouro, refletidos da neve, faziam fulgurar a terra congelada em perene beleza. O universo inteiro estava embebido do grande silêncio do Infinito. Senti-me abençoado por ter um vislumbre da grande e multifacetada Mahamaya na forma do Himalaya.

ALTAR DE CHANDRAVADANA

Olhei em torno e guardei no meu coração a bela e grandiosa paisagem. Então, entrei no templo e prosternei-me ante Mahamaya e ponderei sobre a Sua glória. Não há imagem da deusa, e sim um símbolo da Mãe que é cultuado diariamente. O templo é de pedra, um pouco baixo e não muito espaçoso; atrás dele, uma casa abriga os peregrinos.

Como se o profundo silêncio fosse excessivo, um vento forte sopra sobre o cume, varrendo-o com o uivo da natureza. Talvez o deus vento estivesse inclinado a perturbar o Himalaya no *samadhi*. Se alguém descuidar-se no cume pode facilmente ser carregado pela força desse vento, o que explica a pouca altura do templo. O contrário teria sido quase impossível. Podemos considerar o próprio cume como um grande templo da Mãe Mahamaya.

O artesanato humano ou a arte escultórica perdem praticamente o sentido num templo cercado por uma natureza que transborda de beleza. Isso explica porque essa região, com uma abundância de locais sagrados, não é muito conhecida pela excelência da sua arquitetura e esculturas. Tais manifestações seriam apenas uma parte infinitesimal do grande poder de Mahamaya que transforma o homem num artista habilidoso. Um único olhar de Mahamaya é suficiente para criar um número infinito de universos. Ela mesma torna a criar seu templo a seu próprio modo num lugar tão solitário como aquele, adornando sua criação como lhe apetece. Toda inteligência humana, excelência manual e conhecimento artístico desaparecem na presença de Mahamaya que reside na sua própria criação. Por isso, acredito, os povos em Aryavarta, sobretudo os do sul -- tanto hindus quanto budistas – esforçaram-se para criar e decorar seus templos, ao passo que não precisaram embelezar aqueles cercados por tanta beleza natural como nas regiões montanhosas de Bharata.

A BELEZA E O SILÊNCIO

Entrei no templo e fui direto para o *sanctum sanctorum*. O interior do templo consiste de duas salas, uma para o santuário e outra utilizada como cozinha e local de habitação do sacerdote. Só este se encontrava lá quando cheguei ao local. Um pouco depois, o guarda do templo entrou trazendo um jarro de água lá de baixo. Ele auxiliava o sacerdote e executava diversos afazeres, descendo também todos os dias para pegar a água com que cozinhava os alimentos oferecidos no culto diário.

Assim, nós três nos vimos juntos naquele alto e solitário cume no meio da vasta cadeia de montanhas. Quando o silêncio profundo era rompido pela conversa, estranha a nossos próprios ouvidos, eu me sentia novamente na terra e em companhia humana. Aproveitei quando o sacerdote se ocupava em preparar as oferendas de alimento para a deusa e fiz-lhe muitas perguntas sobre Chandravadana. Soube por ele e mais tarde por pessoas da região que o local era santificado pela queda do "seio de Sati."

Ao entrar no lugar mais sagrado do santuário, notei que acima de nossas cabeças estendia-se um pedaço de tecido servindo de teto. Disseram-me que o *yantra*[50] original, símbolo da Deusa, não é mostrado a ninguém, sendo mantido sempre oculto pelo pano do teto. Mesmo quando o pano é mudado, o novo tecido é estendido antes que se retire o antigo. Acredita-se que Acharya Shankara tenha estado lá e instalado um novo *yantra*. Por essa razão, a ninguém é dado ver o *yantra* original. Diz-se também que se por acaso alguém o vê, morre instantaneamente. Essa crença prevalece em toda parte, isto é, em todos os lugares sagrados da Deusa. É proibido ver seu local original.

O cume da deusa Chandravadana fica no estado de Tehri, e o Rajá de Tehri fornece provisões para o culto no templo desde tempos remotos. Os brâmanes de Pujar, aldeia próxima ao cume, têm sido sacerdotes do templo por gerações, cabendo também a eles os rendimentos da aldeia em sucessão perpétua. Desses rendimentos é retirado o pagamento do guarda do templo.

O CULTO CELESTIAL

Enquanto preparava a comida para ofertar à Mãe, o sacedote conversava comigo, dando-me muitas informações sobre o templo. O culto, as vésperas e a oferta de comida terminavam às nove horas da noite. O arroz umedecido é amassado sobre

50. Figura mística usada no Tantra para cultuar uma deidade.

uma pedra chata e a seguir transformado em bolos fritos em óleo; não sei o motivo pelo qual esse alimento específico passou a ser oferecido à Mãe; o sacerdote também não soube me explicar. A oferenda consistia desse bolo, *roti* e um pouco de leite. Quando provei a porção da santa oferenda dada pelo sacerdote, achei-a tão deliciosa que tive a impressão de jamais ter provado coisa igual. Muito satisfeito e apaziguado, permaneci ali após partilhar a *prashadam*[51].

Depois de algum tempo, o sacerdote veio falar comigo e pediu-me que fosse dormir no abrigo de peregrinos situado do lado de fora. Ele me contou que, alguns dias antes, um peregrino com roupas cor de ocre estivera lá e fugira depois do anoitecer com os utensílios de prata destinados ao culto da Mãe. Antes desse incidente, permitia-se que monges e renunciantes dormissem no templo; agora, contudo, somente o guarda e o sacerdote podiam permanecer lá. Tive de sair e passar a noite no abrigo.

Por mais que me esforce, não conseguiria descrever como me sentia ante a visão serena da cordilheira do Himalaya banhada à luz da lua naquela noite. Meu coração transbordava de uma alegria contínua. Saí do templo e sentei-me em silêncio, contemplando as montanhas, tão calmas ao luar. Passei a noite toda imerso em felicidade, lembrando a graça da Mãe. No dia seguinte, presente ao culto, recebi uma porção das oferendas. Ninguém visitara o templo naqueles dois dias, exceto o guarda e o sacerdote. No terceiro dia, desci à fonte situada num lugar bem abaixo do templo, de onde é trazida a água para o culto diário.

51. Comida sacramental.

Após duas noites no local, pensei em prosseguir para Srinagar. Não estava absolutamente satisfeito em ficar apenas duas noites no santuário da deusa, e teria permanecido mais alguns dias se tivesse comigo o suficiente com que subsistir. O templo, porém, não pode fornecer alimento aos hóspedes por mais de dois dias, alimento esse retirado apenas das oferendas. Permanecer num local tão remoto em si é árduo, considerando-se que os artigos necessários ao culto da Deusa precisam ser trazidos lá debaixo pelo sacerdote. Por causa de tais dificuldades não pude ficar ali por mais tempo, embora o desejasse. Inclinei-me perante a Mãe e orei para que ela me fizesse retornar um dia ao seu santuário.

EU VOLTAREI

Despedi-me da Mãe dizendo que voltaria um dia. O sacerdote aconselhou-me a ir para Srinagar, já que esta cidade ficava na rota para Kedar e Badrinarayan. Distava apenas um dia de jornada do templo da deusa. Após andar cerca de meio dia por uma trilha solitária na floresta cerrada, cheguei a uma estrada de cascalho que liga Tehri a Srinagar. O sacerdote acompanhou-me até uma certa distância e mostrou-me um caminho para descer a montanha. Apontando sua aldeia, situada a considerável distância, afirmou que se eu chegasse até lá não teria nenhuma dificuldade para alcançar Srinagar.

DESCENDO A PERIGOSA ENCOSTA

Enquanto caminhava pelo atalho pouco usado, coberto de relva espessa e moitas selvagens, percebi que poderia me perder com facilidade. Provavelmente não encontraria nenhum ser humano palmilhando aquela rota solitária que pudesse me ensinar o caminho. Os besouros zumbiam com estridência pela floresta.

Prosseguí por algum tempo sem saber ao certo onde estava. Eu já não via Pujar, a aldeia distante que podia ser divisada do ponto em que partira. A verdade é que eu não tinha idéia para onde estava indo naquele momento. A floresta tornava-se cada vez mais densa; eu estava cercado por árvores enormes, que impediam a visão. Um dossel formado pelas copas não deixava que um único raio de sol penetrasse na floresta, mesmo ao meio-dia. A trilha não estava me conduzindo a lugar algum e eu não podia imaginar como sairia da floresta escura; teria me afastado tanto do templo naquela descida?

Confuso, sem saber o que fazer, sentei-me. Apesar da situação difícil, não sentia o menor medo. Em breve as dificuldades seriam superadas. Fosse qual fosse o ponto em que me encontrava, tinha quase certeza de que logo estaria imerso em felicidade naquele lugar divinamente glorioso. Sentei-me ali por cerca de uma hora, na esperança de que um passante me informasse sobre o caminho certo: nenhuma alma apareceu. Vendo que não tinha alternativa, levantei e, dizendo "Glória à Mãe!", "Jai Ma!", pus-me a andar direto para frente.

A floresta tornava-se cada vez mais densa e impenetrável. O caminho era uma descida e ficava mais escorregadio à medida que eu avançava. Como sabem os montanhistas experientes, é sempre mais difícil e arriscado descer uma montanha do que subi-la; ao subirmos temos controle total de nós mesmos, ao passo que ao descermos isso não ocorre. Se perdemos o equilíbrio, dificilmente nos salvaremos: rolamos vertiginosamente montanha abaixo sem que nada possa nos deter. Descreverei mais tarde que precauções devem ser tomadas para subir e descer essas íngremes encostas montanhosas.

Aquele era apenas o início de muitos aclives e declives que viriam depois. Outros montes, mais escarpados, seriam transpostos no caminho para Badrinarayan e Kedarnath. Naquele momento, contudo, eu apenas avançava sem saber aonde chegaria. Nenhuma pegada era visível no chão da densa floresta. Estava indo para onde meus pés me levavam ou, melhor dizendo, para onde o Todo Poderoso me conduzia. A descida tornara-se tão íngreme que achei ser impossível prosseguir: quase nunca obtinha um ponto de apoio firme no caminho precário. Por sorte o declive não era pedregoso e sim coberto de relva, com moitas esparsas. Com os pés plantados na terra macia e as costas apertadas contra a encosta, agarrando-me às moitas e capins do caminho, desci desse modo uns cinco quilômetros.

Mal posso descrever como venci o declive abrupto. Leva-se quase um dia inteiro para cobrir uma distância de dez ou onze quilômetros naquelas trilhas montanhosas. Entretanto, após meio dia de esforço, consegui alcançar um platô onde um lavrador assava trigo não amadurecido numa fogueira. Geralmente isso é feito antes da colheita do trigo ser realizada; o grão assado tem um sabor leitoso e doce, e durante esses dias homens, mulheres e crianças apreciam ir para o campo juntos para comerem trigo e cevada assados. É um evento muito alegre para os montanheses.

Eu descera a encosta em segurança, só com pequenos arranhões, e fiquei deliciado ao ver o apetitoso alimento diante de mim. Na perigosa jornada encosta abaixo nem me ocorrera sentir fome. Agora, porém, já passava do meio-dia e vi que meu estômago doía. Precisava comer alguma coisa. Inteiramente absorto em assar o trigo, o lavrador assustou-se quando me viu diante dele, e me olhou perplexo. Em seu idioma, perguntou-me como eu chegara lá e de onde vinha. Quando lhe disse que viera do templo de Chandravadana Devi, sua perplexidade aumentou ainda mais.

A MÃE ORIENTA

A causa dessa surpresa foi que nem os próprios grupos tribais que vivem da caça ousam entrar naquela floresta. Tanto quanto ele lembrava, ninguém jamais descera por aquele caminho do templo de Chandravadana Devi. Então se pôs a louvar a deusa. "Deve ter sido a própria Mãe Chandravadana que o acompanhou naquela horrível descida," disse ele. Concordei com suas palavras, pois já tivera experiências semelhantes: engolfado numa situação perigosa, fui retirado dela por Aquela que sempre socorre o desamparado. Graças à ajuda imprevista estou vivo para narrá-la. Passei frequentemente por situações muito perigosas, mas saí incólume pela graça de Deus e só de Deus. Tentarei narrar esses incidentes no decorrer da minha história.

Fiquei muito comovido pelo louvor espontâneo da Mãe feito pelo lavrador analfabeto e minha fé no Todo Poderoso foi grandemente fortalecida. Ele me ofereceu parte do seu trigo assado, que aceitei de bom grado. Bebi um copo d'água e, após descansar um pouco, perguntei-lhe o caminho para Srinagar.

5
Srinagar e Rudraprayag

EM SRINAGAR

Mais uma vez tomei o atalho da floresta. Cerca de duas horas depois desembocava numa rodovia larga e regular que une Tehri a Srinagar. Caminhei prazerosamente por ela, chegando a Srinagar sem dificuldade ao cair da noite. Após muitos dias, via-me de novo num lugar cheio de gente. Viajara pelo estado de Garhwal, fora de Jamunotri a Gangotri e, exceto Tehri, não passara por qualquer outra cidade razoavelmente grande. Agora ali estava eu no Garhwal britânico, às margens do rio Alakananda. O Estado de Garhwal fica no oeste do Alakananda, e o Garhwal britânico no leste. Srinagar situa-se às margens do Alakananda, que corre de norte para o sul.

Antes da chegada dos britânicos, Srinagar, a capital de Garhwal, era uma cidade próspera: ainda hoje é um agitado centro de comércio, com uma população bastante grande. Situada num belo local e rodeada por uma paisagem pitoresca, a capital atrai muitos residentes. O quartel-general oficial da divisão de Garhwal é em Powri, um local bem próximo a Srinagar. Durante o período de peregrinação a Badrinarayan, Srinagar transborda de gente, sendo a única cidade onde os peregrinos acampam em grande número. Cercado de montanhas não muito altas e com construções todas em pedra, o lugar tem uma estrada pavimentada que corta o mercado. As lojas exibem produtos variados, podendo-se caminhar calmamente de uma extremidade à outra para escolher o que se quer comprar.

Na extremidade sul da cidade, espalhadas pelas margens do rio Alakananda, estão as ruínas do palácio, outrora uma espaçosa construção de pedra negra e polida. A habilidade dos artistas ainda pode ser vista nessas belas lages negras esculpidas, peças de uma nobre estrutura que existiu no passado, relíquias da antiga glória dos grandes governantes de Garhwal. Não vi ruínas tão belas em nenhum outro lugar no Garhwal ou em Kumaon. A cidade dispõe de uma escola para crianças e de um hospital. Ao chegar a Srinagar, dei primeiro um mergulho no Alakananda, depois fui para o monastério de Kamaleshwar.

O templo de Kamaleshwar Shiva é um santuário antigo e famoso em Srinagar. Seu abade nessa época era Dayal Puri. Certa vez, quando eu estava indo de Rishikesh para Dehradun, encontrara seu filho, que me dissera para ficar no monastério. Lembrei-me disso naquele momento e fui até lá, prosternando-me ante o altar. Depois, perguntei sobre o filho do abade que por acaso se encontrava no local e me recebeu muito cordialmente. Como o templo possuía certa quantidade de terras, o abade podia muito bem aplicar uma parte da sua renda no bem-estar dos devotos da sua seita, ou em qualquer outra causa social. Entretanto, descobri que ele não tinha muita consciência dos seus deveres. Além dos bens que pertenciam ao templo, havia os donativos dos peregrinos que iam para Badrinath e Kedarnath todos os anos. Assim, com a cuidadosa administração do abade, a riqueza acumulava-se ano após ano. Ele era bonito, cortês, vestia-se bem e usava um bracelete de ouro em cada mão. Embora chefe-de-família[52], seus trajes eram da cor ocre.

GUARDIÕES AVARENTOS

Há em Bengala uma seita *vaishnava* de chefes de família que afirmam originar-se dos reclusos seguidores do culto *bhakti* de Gauranga Mahaprabhu [Sri Chaitanya].

Da mesma forma, os *gharwari gosains* são chefes de família que se afastaram da ordem dos monges *dasanamis* fundada pelos discípulos de Acharya Shankara[53]. No Uttaranchal, tal culto é amplamente disseminado. Os *gosains* que pertencem a essa seita geralmente administram os templos e realizam o culto diário em templos bem conhecidos. Os templos dos deuses e deusas pertencentes ao culto *shakta* ficam geralmente sob o encargo desses *gosains* que retêm sua denominação original de *puri* ou *giri*. Só usam gorros cor de ocre, o símbolo da renúncia. O lugar do abade original é preservado e cultuado diariamente: era o único sinal deixado pela gloriosa tradição dos renunciantes no templo.

Eu teria ficado satisfeito se as doações ou outra renda do templo tivessem sido gastas no bem-estar da comunidade, mas lamentei profundamente descobrir que o abade esquecera-se totalmente das suas obrigações. Essa apatia geral pela causa social é prevalecente em cada monastério no Uttaranchal. Posteriormente relatarei como são as coisas no monastério de Joshi.

52 .*Gharbaris.*

53. Os quatro discípulos principais de Acharya Shankara classificaram os monges em dez categorias: *giri, parvat, sagar, vana, aranya, puri, bharati, saraswati, tirtha* e *ashram.*

Tive a oportunidade de conversar sobre muitas coisas com o abade, e aproveitei para expor a ele a necessidade de utilizar a renda do templo em alguma boa causa.

Ao entrar no Uttaranchal, fiquei bastante desapontado de saber que os monastérios ali não implementam as idéias para os quais foram criados. Eu jamais poderia imaginar que os monastérios dessa sagrada terra de ascetas, estabelecidos pelas diversas ordens de renunciantes, estivessem completamente nas mãos de chefes de família ou dos monges *gharwari* mencionados acima. À exceção disso, como o filho do abade me conhecia bem, tive uma estada muito confortável lá, já que fizeram tudo para tornar minha permanência agradável.

Senti-me recompensado quando vi uma demonstração de bom senso da parte do abade. Ao perceber que precisava de algo para me aquecer, ele me deu um cobertor sem que eu o pedisse. Em meu caminho para Chandravadana, eu já recebera um cobertor do Rajá Purohit, de Tehri, mas que não ficou comigo por muito tempo, como mencionei. Não havia dúvida de que eu precisava de um cobertor. O abade teve de gastar algum dinheiro para comprá-lo: assim, permiti-lhe ter o prazer de me fazer um favor.

Há também outros templos, mas não são tão conhecidos. Fui sozinho conhecer a cidade e visitar todos os santuários. Em Srinagar, os brâmanes são em grande número, mas todos pertencem a essa região. Alguns são eruditos em sânscrito.

Vim a conhecer um brâmane muito culto, Ambadatta Joshi, que dispunha de um *Avadhuta Gita*. Foi uma alegria lê-lo. Ambadatta Joshi prometeu que uma cópia seria preparada e entregue para mim quando eu voltasse de Badarikashram.

O CHAMADO DE KEDAR-BADRI

Eu entrara em Uttaranchal vindo de Rishikesh via Dehradun e Mussouri. Por isso, não tinha podido ainda banhar-me na sagrada confluência do rio Ganges com o Alakananda, em Devprayag. Assim, resolvi voltar de Badarikashram por essa rota. Segundo os cálculos dos montanheses, a distância de Haridwar a Kedar e Badrinarayan é de uns cento e noventa quilômetros, e Srinagar situa-se entre as duas. Se tais cálculos estivessem corretos, Kedarnath ficaria a cerca de noventa e cinco quilômetros de Srinagar.

Contudo, soube que Srinagar havia mudado muito. Após a tragédia causada pelo colapso do lago Gola, a nova cidade foi construída um pouco mais acima, no flanco da montanha. Permaneci três dias em Srinagar e, na manhã do quarto dia, bem cedo, prossegui para Rudraprayag.

Rudraprayag fica a trinta quilômetros de Srinagar. Segundo o povo da montanha, fica a doze *kosh*, um *kosh* equivalendo a oitocentos metros. Passei pelos muros da cidade e notei que do lado de fora havia inúmeros abrigos temporários[54], às margens da estrada, para acomodar peregrinos e monges de várias denominações. Esses abrigos temporátios, ou *chattis,* são locais com uma pequena loja e um aposento espaçoso o suficiente para acomodar um pequeno número de peregrinos. Embora geralmente desocupados na maior parte do tempo, agora estavam lotados, parecendo uma extensão da cidade. Havia um movimento de mão dupla na estrada. Os peregrinos que haviam tomado o banho sagrado em Haridwar no *Mesh Sankranti* e seguido para

54. *Chattis.*

Badrinarayan estavam retornando. Mas a maioria estava subindo. Quem tinha ido para Badarikashram via Gangotri também chegava aqui. Lembro que alcançamos Badrinarayan no final de julho (*ashadha*), para onde os peregrinos afluíam em grande número até o final de agosto (*sravana*). Em setembro, outubro e novembro, quando o frio aumenta, há somente alguns poucos peregrinos, vindos na maioria da mesma região montanhosa.

Deixei Srinagar. No caminho para Gangotri fora acompanhado por um ou dois peregrinos solitários, mas agora uma horda deles me acompanhava. Eu era apenas mais um entre muitos.

AMIGOS DA ESTRADA

Os gritos alegres de *Jai Kedarnath, Jai Badari Visal* dos peregrinos ressoavam pelas montanhas. A serenidade e o silêncio tinham fugido para os vales e cavernas de cordilheiras distantes. A região montanhosa que normalmente não é visitada pelos habitantes da Índia central e meridional estava agora repleta de gente de todo o país, pela vontade do Senhor. Sua glória atraía milhares de pessoas que deixaram seus entes queridos e seus lares e caminhavam agora para o seu destino, gastando com liberalidade pelo caminho as economias arduamente reunidas, contentes até com as dificuldades que enfrentavam para subir aquelas trilhas escarpadas. Alguns carregavam nas costas filhos, pais ou parentes doentes, inspirados pela idéia única de ver o grande deus Kedarnath ou Badrinarayan. Glória ao grande Deus!

É preciso uma forte determinação para empreender a peregrinação a Badri-Kedar; os peregrinos, porém, dão pouca importância às inconveniências ou dificuldades que encontram pelo caminho, tão ansiosos se mostram em alcançar Kedarnath e Badrinarayan. É inspirador ver a devoção, concentração de propósito, fortaleza e o agudo desejo de ter um *darshan*[55] da sua adorada deidade. A devoção surge também em nós e afirmamos com toda a certeza que Deus é grande. A própria visão desses piedosos peregrinos nos eleva. Todos os viajantes da estrada ficam imbuídos dos mesmos desejos e esperanças, do mesmo ideal e propósito. Os peregrinos unem-se em uma grande hoste – rajás e súditos, ricos e pobres, homens e mulheres, velhos e jovens, meninos e meninas. Todos se juntam no mesmo lugar, todos descansam no mesmo lugar [*chatti*], banham-se nas mesmas fontes, comem juntos e descansam juntos. Todos usam as mesmas palavras nas aclamações à deidade – *Jai Kedar, Jai Badri Visal.* Foi ali que entendi o verdadeiro significado de uma peregrinação e o motivo pelo qual os sábios védicos e os *rishis* arianos tornaram obrigatória a visitação aos locais sagrados. É durante uma peregrinação que homens e mulheres se conscientizam das virtudes da renúncia, da abstinência, da penitência e de outras qualidades morais inspiradoras. Os locais sagrados purificam o homem de suas paixões carnais e o voltam para Deus.

Após deixar Srinagar observei atentamente os peregrinos reunidos, vindos de todas as partes da Índia, e tive a convicção de que eram todos atraídos física e mentalmente para o Senhor Badrinarayan. Para mim, era uma grande felicidade contemplar a grande aglomeração de pessoas inspiradas pelo único desejo de chegar ao templo de sua devoção. Ao ponderar sobre a gloriosa visão, pensei que era certamente pelo poder Dele que homens, mulheres, crianças, idosos e doentes eram atraídos alegremente

55. Contemplar uma deidade ou um sábio

para Ele, sem se importarem com o desconforto de tão árdua viagem. Sem a divina vontade, dificilmente esses homens pensariam em empreender uma jornada tão longa e difícil nessas regiões montanhosas. Glória a Deus que incute com Seu sopro força e felicidade!

A cada quatro ou seis quilômetros existem abrigos onde os peregrinos podem descansar e comprar arroz, *dhal*, manteiga, leite, farinha de trigo e batatas. Os preços de tais produtos agora estão um pouco mais altos. Não precisei pedir esmolas no caminho, já que os peregrinos assumem o fornecimento de comida para os monges e renunciantes. Alguns peregrinos abastados suprem de esmolas os monges e ascetas que viajam com eles. Após caminhar meio dia vindo de Srinagar, cheguei a um abrigo e ali recebi esmola de um dos peregrinos.

RUDRAPRAYAG

Alcancei Rudraprayag no crepúsculo. Construída pelo Departamento de Obras Públicas de Lakshman Jhula, poucos quilômetros ao norte de Rishikesh, a estrada para Badrinarayan bifurca-se em Rudraprayag. É preciso deixar essa estrada e atravessar a ponte sobre o rio Alakananda para chegar a Rudraprayag, onde ocorre a confluência dos rios Alakananda e Mandakini. Os caminhos para Badrinarayan e Kedarnath também se encontram ali. Para mim, era uma visão agradável deparar-me tanto com a confluência dos dois rios como com a convergência das duas estradas no mesmo local.

Na estrada de Badrinarayan, às margens do Alakananda, há um abrigo. Além disso, não vi qualquer outra habitação exceto dois templos situados na encosta da montanha, acima da confluência, e duas ou três casas habitadas pelos serventes dos templos. O sacerdote do templo era um monge daquela região, inculto e desagradável. Fiquei um pouco surpreso ao notar que tinha como discípulo um cavalheiro bengali.

NA CONFLUÊNCIA

Finalmente dei um mergulho na sagrada confluência, em Rudraprayag, um local belo e celestial. Com a mente perfeitamente calma, permaneci sentado na confluência por muito tempo, contemplando as águas ondulantes do Alakananda correndo alegremente para abraçar o Mandakini. Mil pensamentos encheram a minha mente. A água azul escura do Mandakini chegara lá depois de lavar os pés de lótus do Senhor Sri Kedarnath. Suas águas murmurantes, uma música para os meus ouvidos, mergulhavam nas águas cristalinas do Alakananda que descera da morada celestial* de Kubera [o guardião das riquezas dos deuses], perto de Badrinath. A confluência lembrava-me a divina imagem de Hari-Hara. Pode-se dizer que o escuro Mandakini abraçava o Alakananda e a seguir corriam os dois ao encontro das sacrossantas águas do Ganges em Devprayag. Estava absorto em tais pensamentos, esquecido do tempo, quando as sombras do crepúsculo me envolveram. Passei a noite em extrema felicidade.

* *Alakapuri*, céu, morada celestial.

6
Guptakasi e Ukhi Math

AGASTYA MUNI

No dia seguinte prossegui para Kedarnath. A estrada, que acompanhara o rio Alakananda até Rudraprayag, seguia agora ao longo do rio Mandakini. Gradualmente eu era admitido nos recintos sagrados do grande Himalaya, o rei coroado de todas as montanhas. Divisei-o com as roupagens de neve de tonalidades sempre cambiantes. Cumulado de alegria, deslumbramento e surpresa, a visão aumentou minha ânsia de alcançar Kedarnath e o grande Badrinarayan.

Deixei Rudraprayag para trás e cheguei a Agastyamuni, um lugar apinhado de peregrinos, por volta das duas horas da tarde. Os peregrinos preparavam individualmente suas refeições; alguns compravam comida nas lojas, outros se ocupavam cozinhando em fogueiras. Era maravilhosa a visão de tantos peregrinos de várias partes da Índia, falando línguas diversas. Agastyamuni, um local sagrado, é uma pequena aldeia com um espaçoso abrigo para descanso e algumas lojas. Alguns templos antigos aumentam a sacralidade do lugar, abençoado pelo grande sábio Agastya que ali fez penitência; desde então seu nome passou a designar o local.

Agastyamuni realmente presta-se à austeridade. A aldeia situa-se num grande prado, acima da estrada, que desce gradualmente até o doce e murmurante Mandakini. De clima suave, é o local ideal para uma vida de penitência. Desde que partira de Srinagar, era a única terra onde eu vira uma vasta extensão de solo nivelado. Após tomar um banho sagrado no Mandakini, visitei alguns templos e descansei por algum tempo num deles. Refleti então sobre o lugar santificado por antigos sábios, pensando na felicidade que sentiria se pudesse ver um deles, emaciado pela penitência, derramando suas bênçãos sobre mim e sobre todos os outros.

HOSPITALIDADE DE UM MONGE DE TANGA

Estava sentado no templo absorto nesses pensamentos quando um monge, o corpo coberto de cinzas e usando apenas um pano em torno dos quadris, dirigiu-se sorridente a mim e convidou-me a partilhar as suas doações. Depois do meio-dia, numa sala ao lado do templo, ele assou alguns *chapatis* e cozinhou um pouco de *dhal*, servindo-me uma nutritiva refeição. Jamais me esqueci do seu afeto e hospitalidade.

O monge, entre cinquenta e cinquenta e cinco anos, provavelmente ficara lá para cultuar diariamente a deidade. Sentia-me muito feliz pela sorte de ter a companhia do santo homem naquele lugar antigo e sagrado. Era um sinal muito auspicioso. Descansei um pouco depois da refeição e prossegui a jornada. Na verdade, eu estava tão apaixonado pelo lugar que não tinha vontade de continuar a viagem naquele momento. No entanto, com uma longa jornada diante de mim, às vezes tinha de deixar esses locais encantadores depois de um dia ou dois. Ao sair de Agastyamuni o caminho subia montanha acima e, à medida que a altitude aumentava, o ar ficava mais fresco. Naquela noite, no abrigo seguinte, o frio começou a me incomodar. Pela manhã, após galgar uma montanha muito alta, cheguei à cidadezinha de Gupta Kasi.

EM GUPTA KASI

Gupta Kasi está situada quase no topo da elevada montanha e dela se contempla um panorama encantador, com o rio Mandakini serpenteando no vale lá em baixo. Na montanha em frente fica Ukhi Math, outra atraente cidadezinha. Gupta Kasi e Ukhi Math situam-se mais ou menos na mesma altura e defrontam-se reciprocamente. Gupta Kasi tem dois templos de pedra com duas belas imagens de pedra e metal, mas não me recordo dos nomes das deidades. Duas cabeças de vaca feitas em bronze fazem jorrar por suas bocas uma copiosa corrente de água do flanco da montanha, que desce até o Mandakini. Achei a idéia dessas fontes muito engenhosa e bem conveniente para os peregrinos, que nelas podem se banhar e cozinhar. Os habitantes de Gupta Kasi também são beneficiados com as fontes, levando água para suas casas desses condutos de bronze. Existem também outras fontes e todas são utilizadas.

Situada numa grande altitude, Gupta Kasi é varrida pelos fortes ventos gelados dos cumes de Kedarnath. Consideráveis nevascas se abatem sobre ela no seu longo inverno. Encontrei por acaso o monge que me oferecera comida em Agastyamuni o que nos deixou muito contentes; nunca pensei que o veria ali. Ao deparar-me com ele pela primeira vez no templo de Agastyamuni, pensei que fosse um sacerdote do templo; agora, contudo, percebia que era um peregrino para Badrinarayan e Kedarnath, exatamente como eu. Ele gostara de Agastyamuni, lá permanecendo por um ou dois dias. Em nosso encontro anterior, seu comportamento franco e generoso me atraíra muito; notava agora outras das suas nobres qualidades.

Seu corpo, besuntado com as santas cinzas, tinha um aspecto brilhante e agradável. Assim que nos vimos, seu rosto abriu-se num sorriso. Também dessa vez convidou-me a partilhar da comida sacramental de Mahavira, cujo nome pronunciava com frequência e de quem era verdadeiramente devoto. Seu corpo testemunhava isso. Como lhe faltassem alguns dentes da frente, tinha a aparência de uma criança quando ria. Pertencia à seita *vaishnava*, embora não levasse em seu corpo qualquer indicação disso, como um rosário ou marcas de pasta de sândalo. Não se mostrava orgulhoso de ser um *vaishnava* e sentia grande afinidade pelos que pertenciam a outras seitas. Tinha uma atenção especial pelos renunciantes do culto *saiva*. Geralmente, os monges *vaishnavas* não são tão liberais: raramente se vê um *vaishnava* muito afável com pessoas de outras seitas.

COMPANHIA AGRADÁVEL

Após convidar-me para as oferendas do meio-dia de sua cultuada deidade Hanuman, o monge foi à floresta buscar lenha. Enquanto isso, visitei os templos de Gupta Kasi e fiz uma caminhada pela aldeia. Quando voltei, o monge já retornara e estava sentado a um canto da sala em meditação profunda. Ele me contara que perdera na floresta, ao coletar lenha, o único cobertor que tinha para protegê-lo do frio. Procurara-o em vão. Como estivesse muito frio enquanto ele meditava, cobri-o com meu cobertor e fui para outro local. Tão absorto em meditação estava o monge e de seu rosto irradiava-se tal alegria que imaginei que estivesse unido à sua deidade de devoção.

Quando voltei algum tempo depois, ele assava *chapatis* enquanto cantava hinos do *Tulasi Ramayana* e *Vinaya Patrika* com voz melodiosa. Minha alegria ao ouvir as doces melodias foi imensa: as canções devocionais do *Vinaya Patrika* são tão explícitas que, para o ouvinte, é como se o menino Rama estivesse brincando diante dele. Já muito feliz por estar naquele lugar sagrado, minha alegria multiplicava-se por dez na santa e agradável companhia do monge. Ele acabou de cozinhar e ofereceu a comida à sua deidade favorita. A seguir, compartilhamos o alimento. O único bem do monge era a faixa de tecido que lhe cobria os quadris, mais nada: realmente não sei como conseguia alimentar os outros. Ofereceu a comida a outros dois monges e então consumiu o que sobrou, mais do que satisfeito com a pequena quantidade que destinara para si.

A ESPINHA DORSAL DA CULTURA INDIANA

Fiquei surpreso com sua profunda fé e devoção e entendi porque talvez não continuara até Kedarnath. Quando lhe perguntei sobre isso, repondeu-me que o Senhor Kedarnath o abençoara com uma visão dele próprio em Gupta Kasi. Para que prosseguir? Faltam-me palavras para louvar sua fé. Deus é grande e compassivo e é por isso chamado de Bhagavan, "Aquele que Concede". Só como resultado das boas ações praticadas em incontáveis vidas pode uma pessoa ter o coração puro e magnânimo como o daquele monge. As pessoas nobres e sem dinheiro algum como ele frequentemente oferecem a própria comida aos famintos, salvando-os. Pela grandeza delas é que a grande cultura indiana sobrevive até hoje. Glória à Índia! Em virtude do sacrifício desses monges, da força de caráter dessas grandes almas, a Índia mantém a cabeça erguida. Poucos jovens modernos e instruídos têm noção disso. O caráter dos homens santos, que prestam um serviço abnegado aos pobres e infelizes, é a base sobre a qual se edifica esta grande nação. O que não pode ser conseguido com decisões tomadas após a deliberação de centenas de comissões, obtém-se pelo caráter sem mácula de um grande homem. Embora poucos, eles ainda existem na Índia. Se não fosse por eles, a nação indiana não seria o que é, e a sua cultura teria sido aniquilada.

PARA UKHI MATH

Soube por um habitante local que entre Gupta Kasi e Kedarnath havia um abrigo denominado Phatachatti onde há muito residia um renunciante bengali. Chamavam-no de Maharaj [Marajá] de Phatachatti. Esse monge estivera no Tibete e também em Kailasa e Manasa Sarovar. A pessoa que me informara sobre ele aconselhou-me a ir para Phatachatti, já que eu tinha vontade de visitar Kailasa. Por isso, estava ansioso para ver o Marajá de Phatachatti. Ao chegar em Gupta Kasi, contudo, soube que ele fora para Ukhi Math; assim, prossegui até Ukhi Math a fim de não me desencontrar dele novamente.

Para alcançar Ukhi Math é preciso descer o flanco da montanha e depois subir a mesma distância pela montanha oposta. Deixei Gupta Kasi e desci cuidadosamente até o rio Mandakini, sobre o qual se estende uma ponte como as que são vistas por essas paragens. Atravessei-a e deparei-me mais uma vez com a íngreme encosta que devia subir. Ah, quanto tempo precisei para fazê-lo! Não lembro a distância entre Gupta Kasi e Ukhi Math, mas recordo ter partido antes da aurora e só ter chegado a Ukhi Math às dez da manhã.

A BELEZA CÊNICA DE UKHI MATH

Eu já disse anteriormente que Ukhi Math está plantado no cume de uma alta montanha. Olhando-se dali para o Norte, podemos ver os picos vestidos pela neve de Kedarnath com mais nitidez do que de Gupta Kasi. Sem dúvida a escalada até Ukhi Math foi exaustiva, mas o panorama que se descortinava de lá compensou o esforço. A tal ponto o local era revigorante que eu já não ligava mais para a fadiga, embora o caminho montanha acima fosse tão árduo que a transpiração me deixou encharcado.

Assim, antes de entrar em Ukhi Math, descansei por um tempo. Daquele local muito quieto, a extensa cadeia do Himalaya exibia uma aparência serena e grandiosa. Continuei contemplando o panorama para guardá-lo para sempre na memória. O cansaço da jornada passara: estava tão repleto de alegria que o esforço para escalar aquela grande montanha apagou-se da minha mente.

Depois de certo tempo entrei em Ukhi Math, um notável local de peregrinação na rota entre Kedarnath e Badrinath. Vale a pena visitar a pequena comunidade. Soube que o Rei Bana, grande devoto de Bhagavan Shankara, instalara ali sua capital e que a princesa Usha fora levada daquele mesmo lugar. Quem fala hindi geralmente pronuncia "sh"como "kh"; assim, o nome Usha era pronunciado Ukha. O lugar passou a ser conhecido como Ukha Math e posteriormente como Ukhi Math.

Então conheci o Swami Maharaj de Phatachatti.

O MAHARAJ DE PHATACHATTI

Em Ukhi Math, há um hospital e um dispensário do governo. A Administração britânica merece crédito por abrir vários dispensários no caminho para Badrinath e Kedarnath para atender os peregrinos. Quando encontrei o Marajá lendo o *Bhagavad Gita* no dispensário, pois o médico era um de seus devotos, ele pediu-lhe que providenciasse comida para mim. Na conversa que tivemos soube que visitara vários locais santos e que passara os últimos vinte anos naquela região gelada. Por causa do frio rigoroso, suas mãos, pés e faces estavam com fissuras, mas não lhe fiz perguntas sobre isso.

Como residisse há tanto tempo naquela área montanhosa, longe da sua cidade natal, adquirira os hábitos dos montanheses e dificilmente poderia ser considerado um bengali agora. Apenas durante os poucos meses de peregrinação ele costumava entrar em contato com pessoas de outras regiões. Sendo consideravelmente pequeno o número de bengalis viajando daquela forma, o Marajá raramente deparava-se com um peregrino da Bengala. Costumava oferecer farinha de trigo, lentilhas, *dhal* e outros alimentos para qualquer peregrino, sem nenhum tratamento preferencial para com os bengalis.

Nessa tarefa, ele era ajudado pelos habitantes da região, que contribuíam para manter um estoque de artigos para suprir as necessidades dos peregrinos. Soube que o Marajá viera de Phatachatti com o objetivo de ver Sjt. Adityaram Battacharya, um professor de sânscrito do *Muir College* de Prayag, que estava para chegar naquele dia vindo de Kedarnath. Perguntei ao Marajá sobre o caminho para o Tibete e soube que chegara lá via Nitighat, um local perto de Joshi Math. Após um ano no Tibete visitara Kailasa e Manasa Sarovar na viagem de volta.

Aconselhou-me então a seguir a rota pelo passo Nitighat, por ser a melhor; a outra rota, via Badrinarayan e o passo Managhat, não era tão conveniente. Além disso, Manasa Sarovar não ficava nesse caminho. O Marajá alertou-me também sobre os perigos e dificuldades com que um peregrino se depara naquelas estradas, devendo estar preparado para suportar qualquer dificuldade e enfrentar qualquer perigo que às vezes pode lhe custar a vida. Somente assim ele conseguirá obter o *darshan* de Kailasa e Manasa Sarovar. Então recitou um ditado[56] bem conhecido entre o povo daquela região.

LOCAIS NÃO FREQUENTADOS PERTO DE KEDAR

Poucas pessoas se aventuram a ir até Manasa Sarovar e ao Monte Kailasa. Vendo que mesmo assim eu estava decidido a visitar os dois lugares, o Marajá pediu-me que passasse pelo menos um ano no Uttaranchal. Se o peregrino vai a Kailasa após um ano no Uttaranchal, disse ele, então consegue suportar o rigoroso frio do Tibete. Kedarnath está quase sempre coberta de neve durante a maior parte do ano.

A seguir, deu-me inúmeras informações úteis para minha jornada àquela região, mencionando vários lugares bonitos e pouco freqüentados nas vizinhanças de Kedarnath. O Marajá chamou-me também a atenção para dois belos lagos, conhecidos como Chorawadi e Vasukitalao, na própria montanha onde está situado o templo de Kedarnath, ou melhor, onde o Senhor Shiva manifestou-se na forma de um *lingam*. O fato desses dois lagos ficarem um pouco distantes da rota geral faz com que eles sejam menos conhecidos.

Do Himalaya, sempre revestido por um grosso manto de neve, flui gradualmente o rio Mandakini. Nascendo naquelas

56. "Quem pode ver o Manasa Sarovar? Neva mesmo sem qualquer nuvem. E tempestades de granizo tornam infeliz o viajante."

paragens e ainda fino como um dedo, o rio abre caminho por um leito arenoso e a seguir precipita-se ruidosamente montanha abaixo. Outro local bonito por ali é o Mahaprastha, de onde os Pandavas, liderados por Yudhishthira[57], subiram aos céus. Todos esses lugares ficam no máximo a três quilômetros de Kedarnath, sendo entretanto quase impossível localizá-los sem a ajuda de um sacerdote ou *Panda* local. Mesmo assim o Marajá insistiu para que eu os visitasse.

ADITYARAM BABU

Enquanto estávamos conversando, Adityaram Babu chegou a cavalo. Eu o via pela primeira vez e não imaginava que conheceria um homem tão culto e uma alma tão nobre naquele lugar remoto. Passei um dia em sua companhia em Ukhi Math. O coletor de impostos adjunto do distrito de Garhwal, Pandit Bhavani Datta Joshi, residindo em Almora naquela época, era amigo próximo de Adityaram Babu. Fora ele quem arranjara sua peregrinação pelo Uttaranchal, inclusive os pôneis e carregadores para a viagem.

Como eu já vinha usufruindo o belo panorama de Kedarnath visto de Ukhi Math, a fascinante descrição de Pandit Joshi dos cumes de Kedarnath aumentou ainda mais meu desejo de visitá-los. Também soube por ele que um cavalheiro europeu ficara tão fascinado pela beleza de Kedarnath que escrevera em seu diário de viagem jamais ter visto um lugar tão belo quanto aquele. Adityaram Babu, um homem honesto e direto, confessou que Mahamaya era tão poderosa que ele chorava com saudade de casa mesmo naquele lugar sagrado. Passei o dia em sua agradável companhia.

57. Heróis do *Bhagavad Gita.*

O ABADE DE UKHI MATH

À noite visitamos os santuários em Ukhi Math, cuja deidade principal é Kailasa Nath Mahadev. Um monge *jangam*[58] era o abade do monastério, assim como o chefe dos sacerdotes do templo de Kedarnath. A maioria dos atendentes do templo fica em Ukhi Math, quartel-general de Baba Kedarnath. Peregrinos de toda a Índia vêm para Kedarnath oferecer-lhe culto; esses artigos de culto são então recolhidos, trazidos para Ukhi Math e ali guardados. Portanto o abade ou o *Mahanta* de Ukhi Math tem a custódia deles, sendo o guardião principal e administrador de todos os bens de Kedarnath. Como tal, também possui seus próprios pertences.

No santuário principal e após o *darshan* fomos nos encontrar então com o abade do templo de Kedarnath. Sentado numa alta cadeira forrada de seda e sob um dossel do mesmo tecido, o abade saudou-nos com um sorriso condescendente, fazendo um sinal para que nos acomodássemos. Um tanto gordo, tinha a pele ligeiramente morena e os cabelos grisalhos que combinavam com a barba, também grisalha e ondulada, o que lhe dava a aparência de uma pessoa idosa.

Ao entrarmos no salão, vimo-nos rodeados de ouro e prata. O abade tinha diante de si duas bandejas resplandecentes cheias de rúpias de prata e *mohours* de ouro; havia também cetros,

58. *Jangam, Lingayat, Lingavastu* e *Virasaiva* são os vários nome dessa seita que se originou no Sul, em Kalyana, no início do século XI. Basava foi o *acharya* fundador, considerado uma incarnação de Nandi (o touro de Shiva). Os que pertencem a essa seita cultuam *shivalingam*. Os monges (ou *sadhus*) dessa seita trazem o *lingam* pendurado num cordão no pescoço, ou em seus turbantes. Seus livros religiosos são escritos em Kannada. A seita espalha-se por todo Karnataka, Telengana e Mysore, e tem muitos templos e monastérios nessa área. *N. Ed*

bastões e bengalas de ouro e de prata, o que tornava o salão um repositório de glória material.

A SEDUÇÃO DO OURO

A cada ano, pobres e ricos, rajás e marajás visitam Kedarnath e Badri, ofertando generosamente dinheiro, ouro e prata à deidade para ganharem merecimento e um passaporte para o céu. O abade era o único administrador desses bens, o que se evidenciava na sua aparência pessoal. Trazendo no pescoço *shivalingas* de ouro e prata, vestia trajes de seda e ocupava a cadeira no salão como qualquer príncipe em sua alegre abundância. A riqueza em torno dele provavelmente o afetara. Era óbvio que encarava esses bens materiais como o único objeto de culto no mundo.

Ele não só pertencia à venerável profissão de monge como também era o chefe de um dos mais importantes templos da Índia, o que lhe permitia comprar toda a felicidade material e possuir as coisas mais bonitas da terra num local tão remoto como Ukhi Math. O abade parecia exultante, talvez embriagado com tanta abundância e riqueza. Quando entrei no salão, pensei que suas portas estivessem fechadas para a luz da deidade que criara um universo tão variado e colorido, refulgindo por todos os cantos do mundo. Era como se a grandiosidade da Mãe do Universo tivesse desaparecido no momento em que foi colocada naquele salão.

A cadeia do Himalaya traz em si um número infinito de universos. Lá, Uma Devi brincou na infância no colo de Sua Mãe e uniu-se frequentemente ao seu consorte, o grande deus Mahadeva. Graças a essa santa união de inteligência e poder infinitos, o local abundava em beleza natural, frescor e pureza: era o *play-ground* de Purusha e Prakriti. Shiva Shankara apreciava especialmente o lugar e decidira nele permanecer. Naquela região fantástica, os sábios entravam em *samadhi* sem esforço. Ali, Uma deixou Suas diversões de lado e assumiu um nascimento humano, adquirindo com isso uma santidade ainda maior do que a do céu, onde cada partícula de poeira está carregada do poder divino da Mãe, e de onde a Mãe sopra vida e consciência em cada ser. Ó Mãe, naquela Tua santa terra senta-se o abade de Ukhi Math, ofuscado por *Maya*, inchado de orgulho por suas riquezas terrenas e quase cego para a Tua glória. Seus olhos permanecem fixos nos peregrinos e suas oferendas. Ó Mãe grandiosa, glória a Ti!

O PORTAL DA CAPITAL DO UNIVERSO

Eu estava perdido em pensamentos. As paisagens celestiais provocaram uma grande transformação em mim. Na verdade, qualquer um teria ficado comovido pela fascinante beleza daquele lugar que venho tentando descrever sem, contudo, captar-lhe a grandeza. Faltam-me palavras. Ao contemplar o Himalaya de Ukhi Math, senti que o Senhor Supremo do Universo estabelecera naquela cordilheira a Sua capital e ali fizera o Seu lar: Ukhi Math era o grande portal da capital do Senhor. Após passarmos alguns momentos com o abade, que inquiria frequentemente Adityaram Babu sobre o coletor de impostos de Garhwal, pusemo-nos a caminho.

Como em Srinagar, também ali eu ficara desapontado. Esperava que as coisas estivessem diferentes no Uttaranchal e jamais pensara ver o que vi. Antes de entrar na região, imaginei ver muitos monges mergulhados em meditação por toda parte, com renunciantes meditando em monastérios, envolvidos em debates sobre a Vedanta, ou servindo aos desafortunados e peregrinos. Mas o que vira naqueles dois monastérios me deixara decepcionado e profundamente desiludido. Não era nada do que esperava.

O Himalaya, porém, era tão majestoso, puro e perfeito que excedia tudo o que imaginara. Nunca pensei que a cordilheira pudesse ter uma beleza tão grandiosa a ponto de elevar o peregrino às alturas divinas só pelo fato de contemplá-la. Novas vistas do Himalaya descortinavam-se diante de mim, uma após a outra, e toda a tristeza e desapontamento me abandonaram. Encontrava-me no domínio da felicidade perfeita. Fiquei tão encantado pelo Himalaya que, posteriormente, depois de passar três ou quatro anos no Tibete, meu desejo de voltar à cordilheira não diminuiu.

Nos recintos sagrados de Badarikashram, o Senhor encarnou-se na forma de Nara e Narayana. Lá a penitência foi praticada durante eras; por isso o local tornou-se incomparável no universo inteiro. Gauri, a Mãe do Universo, conseguiu sobrepujar seu consorte, Shiva, submetendo-se a severas austeridades.

O Senhor Krishna pedira a Uddhava, gema preciosa entre os devotos, que residisse ali para meditar. O grande sábio Vyasa costumava recitar hinos védicos com seus discípulos naquele mesmo local, criado por Deus aparentemente para penitência e meditação profunda. O reverendíssimo Shankaracharya erigiu muitos templos e monastérios naquela área, tornando-a um centro de poder espiritual. Portanto o Himalaya é considerado o lugar mais sagrado por todas as Escrituras, o refúgio de todos os sábios, santos e mestres espirituais devotados à meditação do *Self*.

Por essa razão, quem não ficaria tomado de pesar ao ver os tristes problemas causados pela administração incompetente desses monastérios? Fundados pelo grande Shankara, seus elevados ideais foram totalmente perdidos. Ninguém faz coisa alguma para benefício dos monges ou do povo do Uttaranchal. Exceto cuidar do culto cotidiano, os abades nada fazem a não ser especular sobre o provável número de peregrinos que virão durante o ano, qual o montante que será doado a eles e se receberão a visita de algum rajá ou homem rico. Gastam nesses cálculos indignos seis meses por ano e, com os membros de suas famílias, usufruem as boas coisas oferecidas pelos peregrinos de terras distantes. Como sacerdotes que cultuam as divindades, têm fácil acesso a essas doações. Naquela região montanhosa em que tudo é escasso, um torrão de açúcar mascavo é suficiente para atrair qualquer pessoa. Entretanto, os abades e suas famílias comem pratos requintados, doces e outros luxos.

RENUNCIANTES E CHEFES DE FAMÍLIA

Temos altas expectativas quanto a esses abades e residentes dos monastérios. Eles podem, de fato, superar a todos no que se refere a conceder benefícios ou serviço social. Qual a diferença entre um chefe de família abastado e um renunciante com apenas um pedaço de pano cobrindo-lhe os quadris? Enquanto esperamos que um chefe de família abastado utilize sua riqueza para o benefício dos outros, nossa expectativa em relação aos renunciantes sem um tostão é que eles sacrifiquem até mesmo sua vida pelo bem das outras pessoas. Não me refiro aqui a chefes de família e renunciantes ideais de épocas remotas, e sim de pessoas atuais. Um homem rico, por mais liberal que seja, pode no máximo abrir mão de sua riqueza para ajudar quem precisa.

Mas não pode sacrificar a própria vida pelos outros: é realmente difícil para ele romper os delicados vínculos familiares. Mas este não é o caso de um renunciante. Ninguém pode atar um desprendido renunciante a este mundo de *Maya*. Um renunciante é um pássaro livre que não tem vínculo com pessoas nem lugares e vê todos os seres do universo como membros da sua própria família. Solitário, pode naturalmente devotar sua vida ao serviço dos outros, com total desinteresse pelo corpo perecível. Por isso digo que, se quiserem, os abades podem servir o povo com os recursos que têm e orientar os discípulos para que ajudem os pobres e necessitados. É uma tragédia quando aqueles que deveriam usar suas riquezas em benefício do povo gastam extravagantemente o que possuem com seus familiares.

O abade de Ukhi Math geralmente abre o templo de Kedarnath ao público na data indicada e depois volta para Ukhi Math. Os outros assuntos de rotina ligados ao templo são conduzidos por discípulos e empregados. Para eles, passar seis meses do ano em Kedarnath é uma provação; o frio é tremendo e há muitas outras inconveniências. Assim o abade prefere voltar para um lugar comparativamente mais quente.

Embora seja o abade do sagrado santuário e proprietário legal dos bens do templo e das oferendas diárias, ele se exime de cumprir seus deveres para com o Senhor. Os sacerdotes e criados que se dedicam ao templo permanecem lá sem relutância, ante uma ordem do abade. Banham-se bem cedo pela manhã num frio cortante e celebram o culto diário no templo. Seu fardo é bastante pesado, mas o abade não se preocupa com eles, dando-lhes apenas uma migalha após trabalho tão duro. Isso é de fato um absurdo.

"TRAMANDO" PARA CONSEGUIR UM COBERTOR

Mudando de assunto, passei um dia muito feliz em Ukhi Math na companhia de Adityaram Babu. No dia seguinte, ele prosseguiria viagem para Badrinarayan. No decorrer da conversa, contou-me que no caminho para Kedarnath, encontrara um renunciante do Maharashtra muito culto, chamado Swami Vidyananda Saraswati, e ficara muito impressionado com seu sânscrito impecável. Por isso, resolvi ir a Chopta Chatti para ver o *swami.* Adityaram Babu despediu-se de nós e partiu de Ukhi Math algumas horas após o pôr do sol. Como visse que eu não estava suficientemente agasalhado, deu-me duas rúpias para que eu comprasse um cobertor.

Segurando as duas rúpias na mão, vasculhei o cérebro pensando em quem me cederia um cobertor por tal soma. Em termos de roupas eu tinha apenas uma túnica (*kafni*), já que dera o cobertor que recebera em Srinagar ao monge que conheci em Gupta Kasi. A necessidade de roupas quentes ao voltar de Badarikashram não é tão premente como quando se vai para Kedarnath e Badrinarayan. Agora o cobertor era sem dúvida uma necessidade. Não achei que o frio pudesse ser mantido à distância pela insignificante quantia de duas rúpias. As pessoas ali à volta eram necessitadas, com seus próprios filhos e dependentes insuficientemente agasalhados: não podia sequer passar pela minha mente pedir dinheiro a uma delas. Além disso, era impossível conseguir um cobertor por duas rúpias.

Assim, decidi fazer uma coisa: dar as duas únicas rúpias que tinha como uma oferenda para o abade, e pedir-lhe um cobertor. Quando entrei na sala, o abade parecia estar em meditação profunda, os olhos semi-serrados. Então deixei cair as duas moedas na bandeja já cheia. Ah, como é poderoso o tilintar da prata! O abade imediatamente abriu os olhos e me lançou um olhar amistoso. No dia anterior, quando o visitara com as mãos vazias, recebera dele um olhar totalmente indiferente.

Ele me fez então algumas perguntas, provavelmente entendendo que eu estava sem um único *paisa*. Pensei comigo mesmo, "Bem, as duas moedas já pertencem ao tesouro do abade. Por que então não lhe pedir um cobertor?" Após algum tempo, ele notou que as duas moedas de prata depositadas no oceano da sua riqueza vinham com segundas intenções. Diante disso, pediu que alguém lhe trouxesse um cobertor da sala de estoque e ele próprio o entregou a mim. Era um cobertor bom, feito no local, espesso e bem tecido. Joguei-o sobre os ombros e saí de lá. Os criados do abade e outros na cidade ficaram perplexos e maravilhados, dizendo-me, "Babaji, o senhor é realmente fantástico! Conseguiu extrair um cobertor que vale três rúpias do nosso abade!" Outros disseram, "Se o senhor não tivesse deixado as duas rúpias na bandeja, jamais teria conseguido um cobertor dele!" Poderia haver melhor testemunho sobre a generosidade do abade?

RETORNO A GUPTA KASI

Voltei a Gupta Kasi no mesmo dia e pela mesma rota. Há uma estrada de Ukhi Math para Kedarnath também, mas se o indivíduo vai primeiro para Kedarnath e depois para Badrinarayan, tem necessariamente de se desviar para Ukhi Math. De qualquer modo, eu precisava voltar a Ukhi Math. Se tivesse tomado outra rota que não a de Gupta Kasi, teria deixado de ver vários lugares que desejava conhecer a caminho de Kedarnath. Assim, voltei a Gupta Kasi e revi contente o generoso monge, que por acaso foi a primeira pessoa com que me deparei ao voltar. Logo que me viu, convidou-me para jantar; então, passei a noite em Gupta Kasi.

Swami Vivekananda

12 de janeiro de 1863 – 4 de julho de 1902

7
Indo para Gaurikund

COM UM MONGE UDASI

Eu não esperava encontrar naquele local um monge que conhecera muito tempo atrás no templo de Sarvamangala, em Kasipur. Ele pertencia à seita *udasi*[59], fundada por Nanak. Naquela época, tínhamos residido em Burdwan por cerca de um mês. Gostando de solidão, ele evitava a companhia dos outros, fossem monges ou pessoas comuns. Eu conhecia seu amor pela solidão e, por suas palavras e conduta, considerava-o uma alma avançada. Assim, fiquei bem contente em vê-lo de novo. Após passar uma noite em Gupta Kasi, ambos partimos para Kedarnath no dia seguinte.

Meu companheiro também estava mal equipado com relação a roupas quentes. Seus trajes limitavam-se a um turbante de algodão e uma túnica de cidade. Trazia consigo um cobertor esburacado, sem qualquer outro pertence. Quanto a dinheiro, nossa condição era semelhante – nem um nem outro tinha um tostão sequer.

59. No Punjab, os monges pertencem à seita *Udasi* ou à seita *Nirmala*. A seita *Nirmala* é um culto dos *sikhs khalsa*. Eles consideram sua linhagem de discípulos vindo do Guru Nanak para o Guru Gobind Singh. Esses gurus são considerados *Acharyas*, professores espirituais.

À medida que subíamos, o frio tornava-se cada vez mais severo. Enquanto eu vestia um sobretudo de lã, ele tinha apenas seu cobertor rasgado e comido de traças. Resolvi então trocar meu cobertor recém-adquirido em Ukhi Math pelo seu cobertor em mau estado. Ele não precisava de mais nada agora. Quanto a mim, minha roupa e aquele cobertor com centenas de buracos foram meus únicos pertences na jornada pelo Tibete.

Partimos de Gupta Kasi juntos, mas às vezes nos separávamos pelo caminho: eu seguia adiante para usufruir o belo panorama e o monge Udasi ficava para trás, juntando-se a mim depois, quando nos abrigávamos em algum *Chatti* para passar a noite.

PHATA CHATTI

Após subir alguns quilômetros vindo de Gupta Kasi, chegamos a Phata Chatti, que era bastante grande em comparação com os outros lugares. Há casas de alvenaria ali. Novamente encontramos o Swamiji de Phata Chatti, que me deu comida e ofereceu frutas ao meu companheiro, já que ele não comia alimentos cozidos. Ali provei o melhor mel do Himalaya, cristalizado, com grânulos como puro *ghee*[60]. Sua fragrância é indescritível. O perfume de inúmeras flores do Himalaya concentrava-se nele: o mel do Himalaya é mais doce do que qualquer outro mel, mas seu sabor em Phata Chatti era excepcional. Pensando bem, por que não seria? Do sopé de Kedarnath – de Guarikund a Gupta Kasi e Triyugi Narayana – toda a paisagem está coberta de flores perfumadas que brotam o ano inteiro. A primavera parece jamais abandonar o lugar. Há um dossel de trepadeiras, moitas

60. Manteiga clarificada feita de leite de vaca.

e árvores carregadas de flores e frutos coloridos, de cheiro doce. Assim, não é de surpreender que o melhor mel do Himalaya seja daquela região.

TRIYUGI NARAYANA

Partimos de Phata Chatti e chegamos a Triyugi Narayana, um dos sagrados santuários no caminho para Kedarnath. É uma jornada de dois dias para quem vem de Gupta Kasi. Enquanto subíamos a montanha, víamos, ao olhar para baixo, toda a paisagem coberta por um dossel de folhagem verde escura. Fios prateados de água que desciam em cascata despontavam aqui e ali e o chilreado de centenas de pássaros enchia o ar.

O templo de Triyugi Narayana situa-se no alto, num terreno nivelado e descampado, circundado pelas brancas cadeias de montanhas do Himalaya. Uma neve imaculada cobre os cumes, contrastando com a massa de cedros que tinge de verde profundo as suas encostas. A visão desses dois aspectos do Himalaya – alturas superiores em branco ofuscante e regiões mais baixas em verde profundo, tão nitidamente divididas – mergulhou-me num devaneio sublime sobre Hara e Hari, cujas formas gigantes estendiam-se diante de mim. Era como se visse, em oração meditativa, todos os deuses e deusas fundirem-se na montanha mais poderosa do mundo. Por isso o grande poeta Kalidasa escreveu em seu louvor: "A divindade do Himalaya – o Rei das Montanhas – é a medida de aferição da Terra." Ninguém descreveu o esplendor do Himalaya com palavras melhores.

O PERENE SACRIFÍCIO VÉDICO

O templo de Triyugi Narayana é de pedra negra e polida. Um fogo perpétuo arde no altar védico (*homa kund*) fora do templo.

Diz-se que o fogo desse *kund* vem ardendo pelas três últimas *Yugas*, alimentado constantemente por toras de madeira. Para mim, foi uma surpresa ver o fogo de uma época tão distante ainda mantido aceso, possibilitando a peregrinos e devotos enfraquecidos e exaustos aquecerem-se a seu calor.

A localidade é também chamada de Triyugi Narayana por causa do seu principal santuário. A população é grande e muitos dos seus residentes são sacerdotes (*Pandas ou Pujaris)* do templo que subsistem principalmente de doações e oferendas dos devotos nos seis meses da estação de peregrinação. Os religiosos não têm outra fonte de renda. A região, extremamente gelada, de céus nublados varridos pela ventania e pesada neve, fica quase inaccessível durante o longo inverno. Mergulhei algumas vezes na água gelada e cristalina do reservatório e me dirigi a seguir para o fulgurante Kund. Aplicando em meu corpo um pouco das cinzas do fogo sagrado de antigas eras, senti uma súbita alegria jorrando dentro de mim. O fogo crepitante é realmente uma bênção para os peregrinos transidos de frio que chegam das planícies e sentam em torno dele. Então eu disse a mim mesmo, "O Senhor, que ama Seus devotos, preocupou-se em conservar esse fogo ardendo através das eras. Glória a Ele!"

HIMALAYA, O QUE DESPERTA

Tanto quanto me lembro, passei apenas duas noites em Triyugi Narayana; no terceiro dia continuei a viagem para Gaurikund, distante cerca de vinte quilômetros de Kedarnath. Como é uma subida íngreme, sem qualquer abrigo no percurso, achei que seria uma difícil caminhada. É verdade que atravessei muitas cadeias de montanhas após deixar Mussouri sem sentir fadiga em momento algum. Estimulado pelas belas paisagens que se desdobravam diante de mim, os rigores da jornada nunca me pesaram excessivamente.

Antes que eu iniciasse a viagem para o Uttaranchal, um monge bem informado contou-me em Ayodhya que, embora Badarikashram seja um local de peregrinação grandioso e santo, o esforço da jornada pelas montanhas tem um efeito depressivo num peregrino menos entusiasmado. A penosa jornada por aquele caminho horrível é suficiente para destruir todos os bons sentimentos e a fé que se tem naquele local sagrado. Entretanto, não passei por qualquer dificuldade ou privação em qualquer das minhas três viagens ao Tibete.

A partir do momento em que entrei na região do Himalaya, tive uma experiência completamente revigorante. Quanto mais eu avançava pelo interior montanhoso, mais ia aumentando minha vontade de chegar ao coração daquela região celestial. Imerso em indescritível alegria ante a natureza divina do lugar, ansiava por ver novas paisagens daquela terra. Uma insaciável curiosidade impelia-me a avançar além dos altos picos, e novos horizontes e cadeias continuavam a me atrair e impulsionar. Tão inspirado estava pela grandiosidade dos sagrados cumes que nunca me sentia cansado ou desanimado: cada passo me insuflava fé, entusiasmo e coragem.

NA SAGRADA CONFLUÊNCIA

Assim, eu ia de Triyugi Narayana para Gaurikund encantado com os belos panoramas do Himalaya quando, no caminho, vi uma bela confluência dos rios Mandakini e Kali-Ganges. As águas desse último eram do mais belo azul, sendo bem significativo o atributo "Kali" dado ao Ganges. Depois de dar um mergulho na confluência dos rios, uma sensação de perfeita paz me envolveu, e um pequeno descanso ajudou-me a restaurar as forças.

Os rios Mandakini e Kali-Ganges – a representação das duas filhas do Himalaya – perambularam pelos domínios do amoroso pai, depois de deixarem o palácio paterno cravejado de jóias, e percorreram muitas florestas e clareiras, unindo-se ali num abraço fraterno. O rio Kalindini, ou Jamuna, a irmã mais velha, talvez tenha deixado a amorosa companhia das irmãs gêmeas e o afetuoso lar paterno para viajar por terras distantes a fim de cumprir um desígnio divino.

A DESCIDA DAS FILHAS

Todas as filhas do Rei das Montanhas que tomaram a forma de rios – o Ganges, o mais sagrado dos sagrados, o Jamuna, o Mandakini e o Alakananda – avançam constantemente, arrastando com eles todas as pequenas correntes e riachos do caminho até chegar à maturidade. Em certos locais jorram direto para frente, em outros descrevem curvas repentinas. Suas águas avolumam-se com inúmeras ondulações, provavelmente para manter secretas as variadas emoções divinas que sentem. Em alguns lugares cantam diversas melodias, antigas como as eras; em outros, dançam ao ritmo das suas ondas, quebrando o total silêncio local com suas manifestações de louvor ao Senhor. Essas atividades transportam os devotos a uma região de felicidade celestial.

Em certos trechos, contudo, com seus terríveis vórtices e a força de suas correntezas, esses rios parecem ameaçar o mundo inteiro com um dilúvio e mandá-lo para as profundezas do inferno. O bramido estrondoso das águas é ouvido à distância. Seus dentes, poderosos como o relâmpago, irrompem através das montanhas de granito. Então, dos picos mais elevados despencam-se até os vales lá embaixo, enchendo de reverência e temor a mente dos devotos. A seguir, após simular a dança de destruição de Shiva, os rios recolhem a temível presença, transmutando-se mais uma vez em correntes de águas claras que fluem suavemente. O processo se repete de várias formas. Às vezes, depois de despencar como um trovão nas rochas lá embaixo, as águas fluem de novo docemente, calmas, espalhando felicidade e sorrisos brilhantes por onde quer que passem. Na verdade são como mães protetoras que com os braços estendidos abraçam as pessoas sedentas. Suas águas nutrem os milhões de seres que habitam as planícies da Índia.

Em sua descida, os rios visitam os sagrados locais dos antigos sábios, às vezes criando novos lugares santos com suas águas. Também aumentam a santidade dos monastérios de antigos santos, tornando-os mais proveitosos e prósperos.

Molham as árvores, as vinhas e as trepadeiras, e ajudamnas a dar flores e frutos em profusão. Parece que a turbulência desses rios não mais aparece depois de terem lavado os pés dos grandes monastérios. Em alguns locais as águas produzem doces notas musicais para acompanhar o canto de hinos védicos dos sábios em suas margens. As águas parecem retardar-se ali durante algum tempo, talvez sem querer deixar os sagrados eremitérios. Em alguns pontos, o solo rochoso é transformado em terra macia e fértil que produz comida e frutos em abundância, lançando um manto iridescente de flores perfumadas, coloridas, e de musgo aveludado sobre o corpo áspero e rochoso do pai Himalaya. Esses adornos talvez queiram mostrar que o exterior áspero e duro do Himalaya não é de fato seu verdadeiro *self.* Imaginem a profundidade, a ternura e a riqueza do coração de alguém que é pai de Gauri, a filha compassiva, de Ganga, a filha imaculada, e de Yamuna, a filha amorosa. É provável que o Himalaya oculte o coração no profundo interior do seu corpo de rocha para não se expor aos olhos dos mortais.

Todos essas filhas do Himalaya, que se tornaram os grandes rios, procuram suavizar e avivar o exterior duro e rochoso do Rei das Montanhas. Após realizar seu trabalho, mergem-se completamente ao Ganges. Tendo sido dividida centenas de vezes, a energia primordial mais uma vez funde-se em unidade.

O OBJETIVO DA EXISTÊNCIA DO JAMUNA

Todos os rios que fluem pelo Uttaranchal aumentam a beleza da região e a grandeza do Himalaya, e só se unem ao Ganges após terem cumprido o seu destino. O Ganges e o Jamuna descendo dos céus e percorrendo toda a amplidão do país, atenuam o calor de milhões de pessoas com seu toque frio. Embora nascendo em lugares diferentes e fluindo brincalhões por uma longa distância, os dois rios chegam ao local onde devem cumprir o objetivo de suas vidas. O Ganges, por meio do qual se pode ir para o céu, desejava santificar os filhos de Sagara, e correu para o mar oriental dispensando felicidade a todos. O Kalindi ou Jamuna também passou por Vrindavana para participar do *braja lila* do Senhor Krishna. Da mesma forma que as *gopis* eram atraídas pela música divina e celestial da flauta de Krishna, Yamuna também pareceu irresistivelmente atraída por Vraja, abandonando o lar paterno e todas as suas queridas irmãs.

Nascido da pura neve branca do Himalaya, o rio Jamuna revestiu-se de um tom mais escuro para unir-se ao Senhor Krishna e cultuá-lo. Talvez não quisesse ser identificado no profundo abraço do seu Senhor. Pode ser que o Senhor Krishna se escondesse no coração de Jamuna e seu tom azulado penetrasse as águas cristalinas para apaziguar o fogo ardente dos corações das *gopis* que ansiavam constantemente unir-se a ele. Por isso o Jamuna é chamado de *Tapa Samani*, "aquele que extingue o calor". Talvez ele quisesse que as *gopis* se deleitassem contemplando suas águas azul-escuras e assim lembrassem o Bem-amado Mestre.

Ou talvez o Jamuna desejasse cumprir a missão da sua vida que era abraçar as *gopis* de Vraja, e dirigiu-se só para aquele lugar. Do mesmo modo que as *gopis* de Vraja abandonaram seus entes queridos atraídos pela doce flauta de Krishna e numa noite de luar correram para vê-lo e abraçá-lo, Yamuna, filha do Himalaya, mudou de direção quando ouviu as notas melodiosas da flauta de Krishna. Como uma aristocrata que passa todo o tempo nos recintos internos de um palácio, ela até então moviase apenas por florestas e clareiras. Agora, porém, jorrava para Vraja sem se preocupar com toda a sua nobreza. Sua irmã Jahnavi, manifestada como o rio Ganges, teve de separar-se dela. O rio Jamuna fundiu-se na alegria de pronunciar o nome do Senhor; era como se banhasse nas lágrimas amorosas derramadas dos olhos de lótus das *gopis*. O Jamuna realmente alaga a terra com o néctar da devoção. Da mesma maneira Chaitanya Mahaprabhu inundara de devoção a sagrada terra da Bengala. Vendo a poderosa onda azul do oceano, Mahaprabhu entrou em *samadhi*. Pode-se imaginar o tumulto do seu coração quando o doce nome do Jamuna foi pronunciado em sua presença?

Quando vejo as águas puras e impetuosas do Ganges e do Jamuna, rios celestiais, inúmeras lembranças felizes surgem na minha mente. Através das eras, grandes episódios aconteceram nas sagradas margens desses dois rios e vale a pena recordá-los. Posso dizer com confiança que o que se passou nas margens dos dois rios no passado não tem paralelo na história do mundo. Corretamente foram louvados em nossas Escrituras. As ciências formuladas pelos antigos sábios podem ser comprovadas mesmo hoje. As margens do Ganges e do Jamuna ecoam e tornam a ecoar a antiquíssima mensagem de verdade e amor. O Senhor se manifestou mais de uma vez em suas margens e inundou a terra de amor. Isso é incomparável. Quem poderá contar o número de civilizações que surgiram e desapareceram às margens desses rios eternos?

O Jamuna, que podia abrir caminho através das maciças montanhas rochosas, enterneceu-se e enriqueceu compassivo a mãe-pátria com abundantes campos verdes. A prosperidade que conferiu a essa terra espantou o mundo inteiro, e o rio também mostrou ao mundo a grande e gloriosa tradição indiana. É possível que as águas do Jamuna tenham escurecido ao lembrar com agonia as glórias passadas; ele parece interromper bruscamente sua existência terrena em Prayag, após abraçar a irmã e contar-lhe do glorioso passado e o deplorável presente. Narrei a vida do Jamuna nesta terra, do seu início aos dias atuais. Quero agora descrever a variedade de locais sagrados ao longo do rio.

As confluências que eu vira entre Haridwar e Badarikashram eram todas grandes e gloriosas, abundando em beleza natural. À medida que as recordo, uma hoste de homens santos, imersos em *tapasya*, apresentam-se à minha mente. A glória de Prayag – a mais santa das confluências dos rios Ganges e Jamuna – está além de qualquer descrição. É a culminação do que há de melhor na cultura indiana. Quando penso em Prayag, desdobram-se ante meus olhos visões do glorioso passado. Não é possível registrar todos os pensamentos que passam impetuosamente por minha mente. O Jamuna tem sua própria personalidade e a sua história não pode ser completa sem a descrição minuciosa daquela confluência.

8
Reflexões sobre a glória de Prayag

UMA DIVAGAÇÃO

Sempre convém investigar minuciosamente qualquer fenômeno que nos pareça significativo. Sigo esta regra aqui. Narrei a história das peregrinações iniciais do Jamuna: agora farei uma viagem mental até a cidade de Prayag[61], onde o rio se encontra com o Ganges, que segue a partir dali para o oceano.

Mas não vou falar do seu curso posterior. Vou primeiro descrever a importância do lugar e depois voltarei à viagem para Kedarnath. Quero aqui simplesmente enfatizar, em breves palavras, a santidade e a importância da confluência do Ganges e do Jamuna.

PRAYAG, O LUGAR MAIS SAGRADO

Há cerca de sete confluências entre a extremidade norte de Uttaranchal e Prayag – o lugar mais sagrado para os hindus.

Essas confluências têm sido minuciosamente descritas na maioria dos *Puranas*.

É ali que os hindus se tornam livres do ciclo de nascimentos e mortes e atingem a libertação.

61. Prayag é Allahabad, o local da mais sagrada *Khumba Mela*.

As Escrituras tecem louvores a Prayag. Não há local tão celestial nesta terra. Citarei aqui duas estrofes do *Matsya Purana* em testemunho do que digo:

श्रुतिः प्रमाणम्, स्मृतयः प्रमाणं पुराणम् अप्यत्र परम् प्रमाणम्
यत्रास्ति गंगा यमुना प्रमाणम् स तीर्थराजो जयति प्रयागः ॥
तत्र योगाचरण–प्रतीक्षा न यत्र यज्ञे–स्ति विशिष्टदीक्षा
न तारकज्ञान गुरोरपेक्षा, स तीर्थराजो जयति प्रयागः ॥

Estes versos[62] mostram a reverência e a fé dos hindus por Prayag. É necessário citar os *Srutis*, *Smritis* e os *Puranas* quando os próprios rios Ganges e Jamuna comprovam a santidade desse sagrado local? O mero fato de que o Ganges e o Jamuna se encontraram em Prayag é suficiente para convencer qualquer um da sua sacralidade. A eficácia de Prayag não depende de penitências, de yoga, ou de iniciações especiais para o sacrifício do fogo realizados ali. Não é nem mesmo necessária a iniciação mística por um guru que introduza o discípulo na esfera de conhecimento do Absoluto.

Os hindus têm a glória e a grandeza de Prayag inculcadas em suas vidas. Há um número de eventos na história que confirmam essa crença.

A glória incomparável de Prayag é uma realidade viva para todos os hindus. Os antigos sábios, que conheciam a santidade

62. Tradução dos versos: "Os *Vedas*, os *Smritis*, os *Puranas* são testemunhas. Os rios Ganges e Jamuna comprovam que Allahabad ou Prayag é o rei dos lugares sagrados. Neste lugar sagrado, não é preciso fazer práticas de yoga ou sacrifícios; nem é preciso um guru para transmitir o conhecimento."

Śrutiḥ prāmaṇam, smṛtayaḥ pramāṇam purāṇam apyatra param pramāṇam
Yastrāti gañgā yamunā pramānam sa tīrtha-rājo jayati prayāgaḥ
Na tatra yogācaraṇa-pratikṣā na yatra yajñe-ṣṭi-viṣiśṭa dīkṣā
Na tāraka-jñāna-gurorapekṣā, sa tīrtha-rājo jayati prayāgaḥ ||

do local, declararam sem reservas – "As pessoas devem abandonar a própria vida ao vir para a confluência do Ganges com o Jamuna." É verdade que nem todos conseguirão compreender a emoção dos devotos hindus ao verem pela primeira vez a união dos dois rios. Não duvidem da história gloriosa e inspiradora do lugar.

Prayag, a cidade sagrada, é verdadeiramente a terra de duas forças opostas que existem desde tempos imemoriais: atividade e repouso, trabalho e meditação. Prayag é a árvore dos desejos para os que aspiram à glória mundana e Prayag é também o guru que concede a libertação para os que anseiam por ela. Prayag viu e demonstrou a mais alta glória mundana, assim como também manifestou a glória eterna de Brahman. Combinando esses dois objetivos humanos totalmente opostos, a cidade de Prayag tornou-se o lugar mais sagrado da terra. Até hoje nunca me comovi tanto com qualquer outro lugar sagrado. Quanto mais penso em Prayag, mais enlevado fico.

OS LUMINARES DE PRAYAG

Pururavas, o filho de Buda, governava essa cidade que rivalizava com Amaravati, a capital de Indra. Em seus momentos de lazer, o rei costumava sentar-se no terraço mais alto de seu palácio e os raios do luar da sua graça e glória inundavam a cidade toda. Os pássaros *chakora* acorriam em grande número aos jardins do rei.

Nem os sete céus superavam a cidade em grandeza. Urvasi, ao ter de abandonar seu lar nos céus, foi para a cidade e adorou Pururavas. Pensem nas alegrias celestiais que se derramaram sobre a cidade e, mais uma vez, pensem no remorso que tomou conta do lugar quando Urvasi voltou para o céu deixando Pururavas completamente só. Acho que Pururavas incorrera no ódio dos deuses deliberadamente para mostrar-lhes a excelência da cidade em duas coisas – *pravritti* e *nivritti* (o desejo e o cessar do desejo). Com sua vida rica e ativa, o rei Pururavas tornara a cidade celestial.

Além disso, foi ali que o sábio Bharadwaja permaneceu rodeado pelos inumeráveis discípulos, todos resplandecentes pelo poder de *brahmacharya*. Meditando sobre o divino, o sábio decobriu novas verdades espirituais.

Foi ali que Rama, acompanhado de Janaki, ficou por uma noite após desistir do palácio real e saciaram sua fome com as frutas e raízes da floresta próxima. Imaginem a serenidade do lugar naquela época. Está além da minha capacidade de expressão narrar a alegria sentida por aqueles milhares de sábios e a imensa felicidade que resultou da sua busca pelo *Atman*. Acompanhado pelos residentes de Ayodhya, Bharata fora para lá encontrar-se com Rama. Como estivesse no papel de anfitrião, o sábio Bharadwaja materializou ali, num piscar de olhos, todos os confortos de um palácio para Bharata e os residentes de Ayodhya. Naquela ocasião todos passaram a conhecer a glória de Prayag.

O TRIBUTO CHINÊS

Foi em Prayag que o rei de Kanyakubja, Siladitya Harshavardhana, realizou o grandioso sacrifício que durou cinco anos. Na véspera da cerimônia de despedida do grande sacrifício, Harshavardhana distribuiu toda a sua riqueza entre os súditos. Nesse período as pessoas se conscientizaram da grande glória de Prayag, que não diminuiu nem sequer durante a época de Buda. Harshavardhana escolhera Prayag como o local do seu maior sacrifício, e todos os grandes sacrifícios durante seu regime foram ali realizados.

Convidado especialmente por Siladitya Harshavardhana, o peregrino chinês Huentsang registrou fielmente os eventos do sacrifício, e graças a ele tomamos conhecimento dos gloriosos sacrifícios ocorridos à época. Os registros indicam uma enorme quantidade de riqueza reunida e distribuída por aquele grande rei. Um sacrifício tão gigantesco de riqueza só é possível em Prayag. Huentsang escreveu que somente as armas de guerra ficaram com o rei; todos os outros pertences foram livremente distribuídos entre todos os seus súditos, até mesmo os trajes e ornamentos reais. Harshavardhana, rei de Kanyakubja, empobreceu-se a si mesmo em seis ou sete ocasiões.

Glória a ti, ó Harshavardhana! Foi para melhorar a situação dos necessitados que nascestes. Fundastes o grande ideal de sacrifício para essa grande terra, que perdeu tal glória nos dias de hoje.

Foi por um sacrifício pessoal sem precedentes do viajante chinês Huentsang que pudemos ter um registro desses momentos excelsos. Ninguém, exceto os que se inclinam a manchar a imagem da nação indiana, ousaria contradizer esse glorioso passado e a grandeza desse lugar – santificado pelos inúmeros sacrifícios dos grandes reis hindus e budistas! Hoje, esta nação está completamente empobrecida, mas o testemunho dos grandes e gloriosos sacrifícios do passado feitos em Prayag permanece. *Dana* [doar para os pobres e necessitados] tem sua própria eficácia. Por isso, gente de todo o país dirige-se para lá, com doações generosas e oferendas aos manes. Não se trata da simples confluência de dois rios. É a união de duas grandes forças que fez o lugar se tornar tão glorioso.

A SEMENTEIRA DA VEDANTA

Consideremos outros eventos históricos que podem ter contribuído para a glorificação do lugar. O budismo reinou supremo por um longo período na Índia. Na época em que entrou em decadência, Kumarila Bhatta surgiu no horizonte e realizou a sua missão mais importante em Prayag. Na última fase da sua vida, ele foi para lá e escolheu abandonar o corpo na presença do grande Shankaracharya, queimando-o numa pilha de cascas.

Por que teria se dirigido a Prayag a fim de realizar esse objetivo? Não havia outros lugares para abandonar o corpo? Certamente foi atraído pela sagrada confluência do Ganges e do Jamuna. Kumarila Bhatta representava o caminho dos rituais *(Karmakanda)*, e Shankaracharya o caminho do conhecimento *(Jnanakanda)*. Tanto o fim do *Karmakanda* e o início do *Jnanakanda* aconteceram em Prayag. Kumarila Bhatta disse a Acharya Shankara que partisse daquele mesmo lugar para conquistar a Índia. Foi em obediência a Bhatta que Shankaracharya começou sua jornada e apareceu ante Mandana Misra – o discípulo principal de Bhatta.

Bhatta, o rejuvenescedor da doutrina e rituais védicos, abandonou seu corpo e fundiu-se no espírito de Acharya Shankara. Seu discípulo principal, Mandana Misra – teve do mesmo modo sua doutrina e lógica transformadas em cinzas pelo fogo do conhecimento. O glorioso sol da Advaita Vedanta – o sol do conhecimento – surgiu no horizonte de Bharata na forma de Acharya Shankara, removendo a escuridão da ignorância. Todas as diversas sub-seitas e suas filosofias perderam a influência depois do surgimento de Acharya Shankara. Foi ali, então, que o Sol da Vedanta ergueu-se no firmamento da Índia. Com

Kumarila Bhatta, a época do ritual védico terminou e a época do conhecimento emergiu em Prayag. Essa é a relação da sagrada Prayag com a restauração da filosofia vedanta na Índia. O Jamuna representa *pravritti*, a força motora da ação, e o Ganges representa *nivritti*, a cessão de todo o desejo e atividades. *Pravritii,* na forma do Jamuna, encontra-se com *nivritti* na forma do Ganges. A religião dos rituais funde-se ali com a religião baseada na verdade e no conhecimento eterno.

Ao refletirmos sobre a glória de Prayag, percebemos ter sido ali que a pequena planta da Vedanta tornou-se uma grande figueira, abrigando o hinduísmo no frescor da sua sombra. Que Prayag foi o berço da Vedanta é um fato histórico. Foi dali que o leão da Vedanta partiu para a conquista do mundo.

A ETERNIDADE DA CULTURA INDIANA

Existiram grandes reis guerreiros que, para se apossar de territórios alheios ou defender seu trono, derramaram o sangue de inúmeros inocentes. Nenhum deles contribuiu para o aperfeiçoamento humano pelo sacrifício da própria vida. Por outro lado, os hindus amantes da paz têm sacrificado tudo, inclusive suas preciosas vidas, pela religião. Tal sacrifício não tem sido em vão, gerando um tremendo poder de sustentação da cultura indiana através dos tempos. O mundo civilizado de hoje tem consciência disso. Nos dias de hoje podemos estar enfraquecidos, pobres e submetidos ao domínio estrangeiro, mas sabemos com certeza que somos os herdeiros de uma cultura imortal, maravilhosamente aperfeiçoada por nossos antigos sábios com realização espiritual. Nenhuma outra nação do mundo pode reclamar semelhante herança. As nações que outrora foram superiores em poder militar e na arte da guerra não mais existem, enquanto nós, apesar de séculos de sujeição, continuamos a nos desenvolver fortemente na esfera espiritual, com o conhecimento que nos foi legado pelos antigos sábios. A sociedade indiana permanece integrada e intacta: até hoje ninguém conseguiu fragmentá-la.

LIVRANDO-SE DO VÍNCULO MORTAL

Em certa ocasião quando ia para Gangotri, ao passar pelo Ganges vi um monge tão transtornado ante a visão do mais sagrado dos rios que se atirou de cabeça nas águas rápidas que corriam lá embaixo, terminando sua existência terrena. Pode-se descrever as emoções que o acometeram naquele momento? Quem pode decidir se o monge foi para o céu ou para outro lugar? Posso afirmar com confiança que no corajoso fim do monge a própria morte morrera. Os hindus relutam em considerar tal sacrifício uma morte dolorosa. Pelo contrário, esse é o caminho para mostrar que o corpo humano é um tecido que pode ser rasgado a qualquer momento e que a alma é imortal. Como era grande esse monge! Nessa morte fácil ele mostrou ao mundo inteiro que um homem pode realmente tornar-se imortal despindo-se desse corpo humano em momentos da mais alta devoção.

O GANGES-BRAHMAN EM MOVIMENTO

Como podem os outros povos avaliar as emoções de um verdadeiro hindu ao contemplar o sagrado Ganges? É algo impossível. Pensar no Ganges é suficiente para fazer vibrar as cordas de um coração hindu: o mergulho nas águas desse rio purificará a alma do indivíduo, libertando-o de todas as servidões do pecado e da paixão. Os antigos sábios, que escreveram muito sobre o Ganges nas Escrituras, consideram esse rio a forma líquida de Shiva – *sambhorambhomayi murti* –, como é corretamente descrito por Kalidasa.

Bhagavan Sri Ramakrishna costumava dizer, "*gangavari brahmavari*" – isto é, o Ganges é Brahman em forma de água. Encarado como uma escada para o céu, todo hindu anseia por morrer um dia em suas margens. Os materialistas não poderão jamais apreciar a eficácia dos atributos do Ganges. Para os verdadeiros hindus, contudo, o Ganges continua tão sagrado hoje – *sarva tirthamayi ganga* – como sempre foi. *Ante ganga narayana, brahma.* No último estágio da vida, o Ganges é Narayana, o Ganges é Brahman.

PRAVRITI E NIVRITTI

Prayag é um grandioso local de peregrinação e testemunhou inúmeros eventos no passado que agora me inundam a memória. Não tenho capacidade para pôr no papel tantos acontecimentos históricos neste curto relato. Embora já não se encontre em Prayag a antiga glória, o local continua a ser grandioso e estimado hoje em dia. As ondas das águas sagradas do Ganges e do Jamuna podem ainda infundir grande força em homens e mulheres. Desde o momento em que essa terra foi inundada pelo nascimento desses dois grandes rios, ela continua a inspirar as pessoas para que realizem grandes obras. Graças ao Jamuna e ao Ganges, as coisas prosperam mais em Prayag; enquanto o Jamuna simboliza *apara vidya*[63], o Ganges simboliza *para vidya.*

O Jamuna era o companheiro de brincadeiras do Senhor Krishna. Assim, no momento em que o vemos, somos inspira-

63. O conhecimento que conduz à realização do *Self* é chamado de *para vidya* (o conhecimento divino) e tudo o resto é chamado de *apara vidya* (conhecimento mundano). *N. Ed.*

dos por um sentimento de devoção. A visão do rio Bhagirati, porém, extingue todos os desejos terrenos no peregrino. Os dois rios executam suas funções de modo muito eficiente. O Ganges nos torna conscientes do nosso último dia na terra, insuflado-nos desprendimento; o Jamuna faz com que até a pessoa mais indiferente deseje ver Bhagavan Krishna.

Os dois rios se excedem em atributos divinos e a força que emana deles sustenta Prayag. Essa não é apenas uma confluência de rios: é também um local de reunião de opostos – extrema ambição e grandiosa renúncia. O Jamuna espalhou todos os seus tesouros pelas margens em Prayag e fundiu-se com o Ganges, cujas glórias continua a cantar.

Ao pensarmos na criação divina, chegamos à conclusão de que nada neste universo foi concebido sem um propósito. As coisas criadas preenchem seu objetivo e o universo continua a funcionar. Assim, quando nada acontece sem um objetivo, como é possível que a confluência do Ganges e do Jamuna não seja dotada de um propósito? Para os hindus, um lugar sagrado funciona como uma usina de força.

Os antigos arianos não eram selvagens, assim como seus costumes não eram bárbaros. Precisei fazer essa digressão para mencionar essas coisas.

Coloquemos agora em nossa fronte algumas partículas do pó de Prayag e avancemos para a confluência do Mandakini com o Kali Ganges.

9
Gaurikund

NA CONFLUÊNCIA SAGRADA

PELA MANHÃ, dei alguns mergulhos naquela bela e sagrada confluência e segui para Gaurikund, situada além de Gupta Kasi e Triyugi Narayana. É um lugar sagrado bem conhecido, no caminho para Kedarnath. Quando partem de Triyugi Narayana, os peregrinos ficam ansiosos para visitar Gaurikund. Chegar a Gaurikund é tão bom quanto chegar a Kedarnath. Os peregrinos ficam também ansiosos para banhar-se nas fontes quentes dali. Com o clima muito frio de Kedarnath, é natural que os peregrinos se sintam imediatamente felizes ante a perspectiva de chegar a Gaurikund.

Ao me dirigir para Gaurikund vi o Himalaya de uma forma totalmente nova, como se a grande cadeia montanhosa mudasse de roupa. Enquanto subia a senda para Gaurikund, lancei os olhos ao panorama e vi o Himalaya despindo cada um de seus trajes, abraçando-me amorosamente contra seu flanco. A região era totalmente diferente de Kedarnath. Está além da minha capacidade de expressão descrever o Himalaya que eu via agora tão de perto. Pensei comigo mesmo: se o panorama próximo a Kedarnath era tão esplêndido, como seriam magníficos os recintos do sagrado santuário de Kedarnath! Que tremendo impacto causariam em mim! Com essas reflexões, cheguei à tarde em Gaurikund.

De certo modo, Gaurikund é um rochedo estreito rodeado por cumes revestidos de folhagens coloridas cobertas de neve. Gaurikund está sempre envolta por uma névoa fria e úmida borrifada das correntes impetuosas do rio Mandakini. Uma imagem muito bela de Gauri enfeita o templo, cuja base é lavada pelas águas do rio que parece acalmar-se um pouco ao deixá-lo. Em outros lugares é turbulento e o barulho é ensurdecedor, mas ali só ouvimos o som da água em movimento, como se o Mandakini murmurasse rapidamente louvores a Gauri.

Há também uma fonte de água quente nesse lugar sagrado, que o torna ainda mais agradável. Os peregrinos de locais distantes são confortados por essa primavera e restauram as forças para suportar o tremendo frio de Kedarnath. Canalizada, a água da fonte cai gorgolejante num tanque de pedra, também conhecido como Gaurikund. A corrente de água quente jorra continuamente na água gelada do Mandakini; como contém enxofre, vários mergulhos na fonte podem curar doenças de pele. Contudo, não me deparei com nenhuma outra fonte de água quente no caminho para Kedarnath. Os ventos sopram sem cessar nessa área coberta de neve, de frio cortante. Assim, um mergulho na fonte de água quente é reconfortante para todos os peregrinos, fazendo-os esquecer por algum tempo o frio insuportável.

O ÚLTIMO POVOADO

Cheguei afinal a Gaurikund, superpovoada de peregrinos de todas as partes da Índia. O tumulto das pessoas e o jorro borbulhante do divino Mandakini misturavam-se num zumbido encantador, permeando toda a atmosfera.

A caminho de Kedarnath eu vira apenas três locais tão belos quanto o de agora: Agastyamuni, Gupta-Kasi e Triyugi Narayana. Nas muitas lojas do lugar os peregrinos adquirem provisões como arroz, sementes comestíveis etc. Também há suficientes acomodações residenciais, já que Gaurikund é o último local de repouso no caminho para Kedarnath. À exceção do próprio templo de Kedarnath, não há qualquer construção em alvenaria de templos ou casas além daquele ponto. Como neva pesadamente em Gaurikund durante o inverno, ninguém permanece ali durante essa estação, mudando-se para as aldeias próximas.

GAURI[64] ENCANTA SHIVA

Gaurikund não é famosa apenas pela beleza panorâmica: está também associada a inúmeros eventos históricos que compartilha com as elevadas rochas de Kedarnath. Perambulando continuamente pela área durante quatro anos, visitei locais inacessíveis. Pelo que ouvi contar, posso dizer que Shiva e Párvati habitaram esse lugar um dia. Mesmo hoje a atmosfera parece carregada de suas divinas presenças, tornando o local tão glorioso que pode ser considerado o palácio especial do rei Shiva – o Sambhuraj. Sua classificação é muito elevada entre os *tirthas* [lugares santos] do Uttaranchal. O local encanta a todos facilmente.

Vamos agora analisar por que Gaurikund tornou-se tão famosa. A bela paisagem e a atmosfera de Gaurikund causam tal impacto na mente das pessoas que todos chegam à conclusão de ser aquele o melhor lugar para a prática de austeridades. Gauri,

64. Gauri é um dos nomes de Párvati, Uma, Durga, Mahamaya, a consorte de Shiva. Cada nome representa um aspecto diferente da mesma deusa.

filha de Giri Raj Himalaya[65], é a deidade que preside o lugar desde tempos imemoriais, e que lhe deu o nome. A mera visão do esplêndido local elevou tanto meu espírito que não pude imaginar quais seriam minhas condições se tentasse ver todos os locais sagrados pelos arredores. Acredito que *Mahamaya*, o Poder Primordial, criou esse lugar para Sua própria prática espiritual, equipando-o com tudo que era necessário.

Uma, a filha do Rei das Montanhas, realizou sua dura penitência nessa região e conquistou Shiva, que esquecera tudo na meditação. A Mãe do Universo uniu-se a Shiva ali para agradar os deuses e encantou todas as pessoas. Várias relíquias vinculadas ao acontecimento podem ser rastreadas ali. Não tenho dúvida de que naquele próprio local Shiva ficou contente com o serviço que Párvati lhe ofereceu. Quando contemplamos a grandeza em torno, começamos a sentir que aquele é um segundo Kailasa: a mim parece que Shiva, o Pai do Universo, deixou Kailasa e fez de Gaurikund seu Lar, já que o local de nascimento de Párvati era muito perto dali e a cidade principal do Himalaya ficava lá. Após chegar ao local, Shiva também mergulhou em *samadhi*; ou talvez tenha sido atraído pelo tratamento amoroso dado a ele por seus parentes por casamento, decidindo permanecer ali.

Enquanto Shiva estava em meditação profunda, Madana, o deus do amor, disparou-lhe suas flechas. Shiva reduziu-o a cinzas. Aconselhada pelos mais velhos Párvati voltou, iniciando uma severa penitência em Gauri Shankara – um local nas vizinhanças de Gaurikund. Há uma bela descrição de Gauri Shankara nos *Puranas* e também em *Kumarasambhava*, poema

65. *Giri*, montanha; *Raj*, rei.

épico de Kalidasa. Locais em torno de Gauri Shankara podem ser identificados pelas descrições nos *Puranas* e no *Kumarasambhava*. Que o Kedarkhand é o local mais sagrado em todo o Uttaranchal não necessita de comprovação.

O local é sagrado porque Párvati realizou ali *tapasya*. Não há dúvida que o Himalaya inteiro é sagrado e belo, mas a grandeza de Kedarnath é totalmente diferente: trata-se de uma explosão da vontade divina. Deus gastou prodigamente todos os Seus tesouros na criação de tal região. Foi lá que, por sua severa austeridade, Párvati conquistou Shiva. Perdido em meditação, Shiva, a jóia suprema dos iogues, ficou profundamente comovido pelas austeridades de Párvati. Foi ali que Sadashiva[66], que tem a lua em Seu turbante, assumiu a forma de um *brahmachari* e blasfemou contra Shiva na presença de Párvati, revelando assim a sua identidade e saciando o desejo de *Mahamaya*[67]. Impossível descrever a característica única daquele lugar, o sagrado local de recreação de Shiva e Párvati. Tento porém registrar minhas emoções: tenho absoluta fé na divina presença e, nesse instante, milhares de sentimentos devocionais me percorrem a mente.

A paisagem de Gaurikund a Kedarnath é estranha e bela. Na verdade, eu precisaria ter mais habilidade de que disponho para transmitir tal beleza. Sendo a estada de uma noite em Gaurikund insuficiente, eu desejava continuar lá, mas o desejo de chegar a Kedarnath era igualmente grande. Assim, acordei cedo na manhã seguinte e prossegui para Kedarnath, acompanhado pelo monge *udasi*. Às vezes ele me precedia, às vezes me seguia. Mas na maioria das vezes costumávamos ficar no mesmo local, e então conversávamos.

66. Um dos aspectos de Shiva.
67. Párvati ou Uma, ou Gauri, ou Durga,

10
Kedarnath

A ascenção a Kedarnath

O templo de Kedarnath fica aproximadamente a seis *krosas* (uns dez quilômetros) de Gaurikund. A trilha muito íngreme e contínua sobe em zigue-zague pela montanha. A cada curva nos vemos mais no alto e o frio aumenta gradualmente ao nos aproximarmos do templo.

Um panorama que eu nunca vira antes, nem imaginara que veria um dia, desdobrou-se diante de mim. Esqueci todos os sofrimentos do mundo mortal à medida que a Natureza ia me revelando sua forma gloriosa e deslumbrante.

Que vista esplendida, simplesmente indescritível. Os cumes brancos faiscavam no alto, reinando sobre a paisagem. Como súditos principescos, seguiam-se os topos das árvores revestidos de folhagem viva, uma abundância de flores coloridas, a saturação da atmosfera com a fragrância celestial, o som suave do zumbido das abelhas, pássaros variegados cantando onde quer que olhássemos, a brisa fria brincando com o delicado buquê de todos os perfumes.

Lá embaixo, o rio Mandakini era um fio de prata que fluía murmurante, bem audível.

Ainda que eu tivesse milhares de línguas, jamais conseguiria transmitir o que vi naquele momento. Como é deslumbrante a criação do Senhor.

AS ÁRVORES CUIDADAS PELA MÃE

Aquele era de fato o reino de *Mahamaya* [Párvati], estranho e belo. Ali provavelmente estavam as árvores que Ela mesma plantara e cuidara com desvelo. Um arrepio quase trespassou meu coração. Pensamentos inefáveis transbordaram no meu íntimo. Eu tinha visto matas com muitas árvores e profusão de flores em inúmeros lugares do Himalaya, mas nada tão encantador quanto naquele lugar. Afinal de contas, uma semente insignificante irrompe da terra, vira planta e se transforma em árvore. Nunca senti uma emoção igual nem vira antes bosques tão mágicos e perfeitos.

Ao subir para o templo de Kedarnath, notei que tudo aquilo era o resultado do local ter sido santificado pelas duras penitências ali realizada pela Mãe do Universo – a filha do Himalaya, o Rei das Montanhas. Aquelas árvores eram as primogênitas, pois antes do nascimento de Kumara Kartikeya a Mãe criara essas plantas, muito amadas por Ela. Por intermédio do Seu amor divino e afeição, imortalizaram-se e oferecem até hoje flores em abundância numa homenagem à Mãe.

RAMWADA CHATTI

Pensando nessas coisas eu caminhava tranquilamente e cobri uma distância de quatro *krosas* (seis quilômetros) para chegar a Ramwada Chatti. Não há por ali nenhuma casa como em Gaurikund; somente algumas cabanas improvisadas feitas de pedras empilhadas e cobertas de sapê. Os peregrinos, que não passam em Kedarnath nem uma noite por causa do frio cortante, descem e ficam nessas cabanas. Há algumas lojas onde eles podem adquirir o necessário. Sendo um abrigo provisório, as lojas não têm provisões suficientes.

Gente da planície considera difícil permanecer ali, mesmo por uma única noite. Ramwada é o último abrigo no caminho para Kedarnath, ficando o templo a umas três *krosas* (cinco quilômetros) de distância. Na estação fria, neva pesadamente no local, e todas as cabanas cobrem-se de várias camadas brancas. Por isso casas grandes não são feitas ali: mesmo bem construídas, logo desmoronariam sob a pressão das camadas sucessivas de neve. Só os habitantes da região conseguem permanecer em Ramwada Chatti com seus escassos agasalhos e um feixe de lenha. Os habitantes da planície dão-se por muito satisfeitos se conseguem ficar ali por mais de uma noite, e atribuem a façanha ao êxito de sua penitência.

Não descansei naquele abrigo. Entrei e logo saí: estava ansioso para chegar a Kedarnath. Sentia-me arrastado para lá. Deparara-me com vistas tão adoráveis ao entrar no domínio de Kedarnath, que comecei a imaginar minha alegria ante a visão do templo sagrado. Achei que talvez pudesse perder a consciência do mundo exterior ante a divina visão, ou que provavelmente desmaiasse de puro contentamento. Eu estava maravilhado.

Deixei Ramwada e me apressei para chegar a Kedarnath. À medida que deixava Ramwada Chatti, notei uma considerável mudança na região. Até então eu vira a profunda floresta erguendo-se continuamente ao longo das alturas crescentes do Himalaya. Agora, esse tapete de árvores sobre a montanha tornava-se mais escasso. Certas árvores como o *sal* e o *deodar* apareciam cada vez menos enquanto eu subia. Tais árvores não seriam mais vistas: diante de mim agora havia somente cadeias de enormes e intransponíveis montanhas, despidas de árvores altas. Apenas o borbulhante som da água correndo era audível. Quando lancei os olhos à minha volta, notei um anel de nuvens rodeando os altos picos, como um cinto em torno da cintura do Himalaya.

O PARADOXO

Eu podia ver tal cinturão dali, ao contemplar o pico do Kedarnath. Quando olhei os picos menores abaixo, notei surpreso que estavam sendo castigados por fortes aguaceiros. Assim, diante de mim havia dois fenômenos opostos: uma extremidade da cadeia estava sob pesadas chuvas, enquanto a outra refletia os raios brilhantes do sol. Uma parte da cadeia montanhosa estava sendo lavada pelas águas frias das fontes; em outros lugares, as rochas irrompiam de pesados lençóis de neve. O vento soprando de baixo trazia o perfume de várias flores, assim como o gorjeio melodioso dos pássaros. Mesmo em plena luz do dia, a escuridão planava sobre certas ravinas. Outras, contudo, cintilavam alegremente até durante a noite, iluminadas pelos raios suaves da lua.

Aqueles picos poderosos despertavam em mim um tumulto de emoções. Pude notar que as quatro estações existiam simultaneamente em alguns deles. Notei também que os mesmos picos às vezes pareciam calmos, como se estivessem em profunda meditação.

Senti que o incontaminado Brahman assumira a forma dessa gigantesca montanha de neve, branca e pura, e abrira os portões do divino conhecimento ao homem, o conhecedor.

De que outra maneira o limitado intelecto de uma pessoa poderia entender o infinito Brahman?

Fosse como fosse, perdi-me nas nuvens enquanto subia, espantado com a altura que alcançara. Depois, deixei para trás as massas de nuvens à minha volta. Agora, percebi, respirava com dificuldade o ar rarefeito. Então vi que todas as nuvens que pairavam pesadas tinham se dispersado e a água que se desprendia delas caía sobre as encostas da montanha. Um ocasional relâmpago riscava o ar, como se os brilhantes raios de luz rasgassem as nuvens úmidas e brincalhonas. Fragmentos delas pendiam agora nos declives da poderosa montanha, mas outras nuvens rodeavam os picos, como se os cultuassem. Parecia-me que todas as nuvens estavam atreladas ao serviço do Senhor das montanhas, lavando-lhes os pés, ou em certos lugares, molhando os jardins naturais do Senhor. Assim justificavam seu nome, Jalada – o dispensador de águas.

Algumas nuvens não podiam avaliar a grandeza do Himalaya: um tanto embaraçadas, escondiam-se agora em cavernas. Era como se, realizando penitência, tivessem mergulhado em profundo *samadhi*. Ou talvez ficassem de sentinela nas entradas daquelas cavernas, ao saberem que os antigos sábios estavam meditando ali. Imaginei também que a grande montanha usava a floresta densa como roupa de baixo e musselina macia como traje principal, na forma de nuvens translúcidas. Os relâmpagos intermitentes revelavam a riqueza desse tecido entremeado de ouro.

O PROPÍCIO MÊS DE JULHO

Eu seguia a rota que ia de Rudraprayag para Kedarnath. O Mandakini corria por vezes à minha esquerda, por vezes à direita. No entanto, desde que eu deixara Ramwada, ele estava continuamente à minha direita. Eu subia sem desconforto o atalho estreito coberto de neve macia, embora não tivesse sapatos. Tanto quanto me lembro, cheguei a Kedarnath no meio de *ashadha* (julho). Por isso não passei pela dificuldade de mergulhar na neve profunda. Os que vão para lá em *jyeshtha* (maio) isto é, no início do período de peregrinação, podem ver o Mandakini quase congelado. Nessa época a neve é espessa, mas não em meados de julho: o caminho é quase desimpedido.

Todos os anos, durante o inverno, há geralmente uma pesada nevasca e a neve congela-se, formando grandes rochas. O caminho para o templo também fica bloqueado em muitos lugares. Durante o verão, essas rochas de neve começam a derreter e, no início da estação chuvosa, tudo se liquefaz por toda parte. O rio Mandakini transborda então. A época adequada para se estar em Kedarnath é do final de julho até o final de agosto. O percurso para o templo é desimpedido nesse período, e os arredores também mostram sua melhor aparência em beleza natural. Os que se apressam a completar a peregrinação a Badri e Kedarnath por medo das chuvas, posteriormente não podem desfrutar a beleza do panorama e a grandeza daquele período. Em meados da estação chuvosa o frio não é excessivo, e todas as árvores e plantas irrompem em flores. É costume ficar-se por todo o mês de agosto nas vizinhanças de Kedarnath, pois é nesse período que os arredores do local se mostram mais belos.

Eu entrava agora no sagrado e belo domínio de Kedarnath, uma região única cujo esplendor fica muito além de minha capacidade de descrição. Extremamente deleitado, eu via agora o lugar com meus próprios olhos. O leitor destas páginas que deseje sentir essa mesma alegria deve visitar Kedarnath pelo menos uma vez.

DIFÍCIL DE ESBOÇAR

Eu tenho a consciência de que minha descrição daquele lugar celestial é bastante insatisfatória. Tenho a memória menos aguda e já não consigo lembrar certos pormenores, ou descrevê-los judiciosamente. Também não tenho suficiente domínio da linguagem para fazer ampla justiça ao lugar: não ficarei satisfeito, pois mais que tente. Assim, os leitores não poderão fazer uma idéia da suprema e etérea beleza de Kedarnath, perdido no tempo. Para descrevê-lo agora, depois de tantos anos, teria de revisitá-lo – o que certamente seria um benefício para o leitor.

Quando vimos recentemente algo que consideramos completamente sem importância, não nos lembramos disso por muito tempo. Esse tipo de visão não deixa marcas na memória, e recua para o esquecimento. Entretanto tento reviver em mim o local sagrado que visitei anos atrás, mas nada tenho comigo agora senão uma memória que esmaece.

É verdade que fui possuído outrora por aquele lugar divino: quero recuperar esses doces momentos e deliciar-me com eles novamente. Mesmo que todas as outras coisas deste mundo afundem em esquecimento, o glorioso Himalaya sempre fulgurará ante meus olhos.

Gostaria apenas de poder dar um vislumbre de tal visão a meus leitores. Por isso, esforço-me para lembrar cada detalhe mínimo da jornada. Já narrei minhas dificuldades no início da minha peregrinação e sinto-me constrangido de descobrir que não consegui fazer justiça àquele lugar magnífico e sagrado.

AOS PÉS DE KEDARNATH

Basta de digressões. Quando vi pela primeira vez o cume elevado, brilhante e inteiramente coberto de neve no qual está situado o templo de Kedarnath, fiquei boquiaberto. Até então caminhava com rapidez, mas a partir daquele momento meu ritmo diminuiu. Fascinado, senti que cada passo meu era dado com dificuldade.

O templo de Kedarnath fica no colo de um gigantesco pico que se revelava agora diante de mim em toda a sua magnitude, fulgurando ao sol da manhã, refletindo milhares de raios suaves que me envolviam. Extasiado, pensei comigo mesmo que finalmente alcançara esse local de eterna luz, deixando a escuridão perpétua para trás de uma vez por todas. Absorto, não consegui contemplar o pico imaculado por muito tempo. O enorme pico da montanha aparecia ante mim como um símbolo eterno, intemporal de Shiva.

Não se tratava de imaginação, mas de uma experiência divina. Em nenhum outro lugar do Himalaya pode-se ver Shiva em uma forma tão resplandecente. Eu peregrinara pelo Uttaranchal e visitara locais extremamente inaccessíveis; contudo nenhum deles supera o sagrado Kedarnath, o próprio similar de Kailasa. É um lugar que não pode ser comparado a qualquer outro.

Como já disse, não sentira verdadeirmente a presença do Himalaya até alcançar Kedarnath. Como transmitir minha emoção ao ver o local onde Hara e Gauri [Shiva e Párvati] se encontraram? Era como se me abraçasse ao Himalaya e me aninhasse no Seu flanco.

Uma profunda alegria me dominava. Eu havia estado em Jamunotri e em Gangotri, mas em nenhum lugar tivera tal visão – essa visão é um grande acontecimento na vida de uma pessoa. Não se pode obtê-la visitando alguns locais de peregrinação na região, e isso se torna bastante claro quando se visita Kedarnath.

O Himalaya só se revela para quem passa um determinado número de dias ali e visita os locais inaccessíveis e incrivelmente belos. Todas as minhas concepções sobre o Himalaya se modificaram quando cheguei ao sopé de Kedarnath. O Himalaya está além da concepção humana: é maior e mais grandioso do que eu imaginara. Soube naquele lugar que a poderosa montanha é o receptáculo de todos os inúmeros atributos desconhecidos à humanidade.

Quem seria capaz de contar os inúmeros locais escondidos no Himalaya? É bom que o homem seja incapaz de abarcar a extensão da grandeza do lugar onde Gauri se encontra com Hara ou Prakriti se encontra com Purusha. Sentia-me poderosamente envolvido por sentimentos felizes ao refletir sobre a glória do lugar.

As manifestações da Existência-Conhecimento-Felicidade Perfeita são infinitas. Da mesma forma, pensei, era infinita a glória do Rei das Montanhas. A cada vez que eu o contemplava, ele se mostrava diversamente esplêndido.

Tornava-me cada vez mais ansioso para penetrar em seu âmago e desfrutar a extraordinária beleza que dele emanava. Achei que nunca mais devia ser instado a voltar ao mundo inquieto, tumultuado, com excesso de população e terrível dos homens. Pensei em me fundir permanentemente com a magnificência da divina montanha. Nenhuma felicidade poderia ter sido maior.

A MAJESTOSA GLÓRIA

Contemplando os gigantescos e altivos picos de Kedarnath, eles me pareciam os dentes agudos de uma roda poderosa cortando em pedaços a terra rodeada por oceanos. Agora, feito o seu trabalho, os picos proclamavam o fato para os céus. Era como se esses altivos picos brancos tivessem criado um domínio próprio, divino, no espaço entre a terra e o céu. Não posso dizer se visão tão maravilhosa pertence à terra ou ao céu.

O templo de Kedarnath situa-se no colo de um alto pico coberto de neve. Sob os raios do sol de verão, a neve derrete em alguns pontos e as rochas que ficam expostas brilham com um tom de ouro derretido. Toda a montanha parece cravejada de diamantes, esmeraldas, topázios e outras gemas. Eu me fundira na visão de Kedarnath, a altiva rocha montanhosa vestida de neve; assim, não notei os arredores, nem sabia onde estivera por todo aquele tempo. Perdera a sensação de identidade. Na verdade, é quase impossível colocar em palavras o que sentia. Até aquele momento pensara ter visto tudo o que havia para ser visto no mundo.

Após algum tempo, recobrei a consciência e me vi sentado num tapete de flores frescas e perfumadas. A área à minha volta estava coberta de flores. Como um rei num trono incrustado de gemas preciosas, contemplei intensamente a beleza da paisagem

O NOBRE SHIVA E O VISWARUPA

Esse belo trono florido fora criado pela todo-poderosa Párvati para uso de seu bem-amado Shiva. Ele deixara sua residência no campo de cremação e Sua postura de corpo morto (*savasana*), condescendendo em ir para aquele local e enfeitar o trono.

Shiva, que renunciara a tudo, é o Senhor da glória suprema ali. A filha mais bem-amada do Himalaya e Menaka é a consorte dele, e tornou aquele lugar tão glorioso que ninguém pôde criticar Shiva por sua pobreza. A habilidade da Mãe do Universo é vista em todas as coisas encontradas ali. Foi pela vontade dela que Shiva alcançou alturas tão gloriosas e toda a sua grandeza e esplendor origina-se dela. Párvati, que passara por severa penitência, fez Shiva descartar seus adornos pouco comuns e usar a bela decoração natural. Glória a Párvati! Um único olhar seu fez Shiva ligar-se tanto a ela que esqueceu a própria austeridade e passou a residir naquele lugar celestial, governando dali todo o universo.

Naquele momento, eu estava num dos locais supremos da terra. O Rei das Montanhas desdobrava sua glória diante de mim e eu o contemplava com a mente repleta de paz. Percebi penosamente enquanto descortinara o Himalaya de tão longe, que meus olhos jamais haviam penetrado sua camada exterior. Agora, porém, junto ao seu coração, estava surpreso com seu esplendor.

Lembrei de Arjuna estupefato diante de Sri Krishna, enquanto ele lhe mostrava "Sua forma Que a Tudo Abrange" (Viswarupa). O Himalaya parece ali, realmente, um símbolo do grande Deus – o Senhor do Universo. Eu me sentia quase convencido de que o mesmo Espírito universal, que está além da compreensão dos sentidos humanos, que controla cada coisa no universo e que reside no âmago de cada ser, manifestara-Se nessa forma gigantesca. De que outro modo um homem, com sua limitada inteligência e visão nublada, poderia ter um vislumbre do divino? Só pela Sua compaixão.

Há muito tempo o Senhor Krishna, por profunda compaixão e amor por Arjuna, assumira a forma onisciente no campo de batalha de Kurukshetra, a fim de remover as nuvens da ignorância da sua visão e torná-lo suficientemente forte para discriminar e realizar seu dever de modo imparcial. Agora eu estava ante a mesma divindade em forma montanhosa e imensa, coberta de neve - uma divindade sutil, mas todo-poderosa e eterna. Quando nos curvamos ante a imagem de barro da Mãe, tornamo-nos conscientes da Sua forma impalpável e que a tudo permeia. Da mesma forma a montanha vestida de neve desdobrando-se de leste a oeste ante mim lembrava-me do eterno Brahman. Era a felicidade suprema (Bhumananda) em forma congelada.

A

Akshaya Tritiya

Dia auspicioso considerado o início de *Satya Yuga.*

Apara Vidya

Conhecimento do mundo material.

Ashadha

O terceiro mês do calendário bengali, início da estação chuvosa.

B

Baisakh

Primeiro mês do calendário bengali.

Bhiksha

Coleta do alimento diário por um monge.

C

Chakora

Pássaro que se deleita com o luar.

Champaka

Perfumada flor amarelo-dourado, de longas pétalas.

Chapati

Pão fino feito de farinha de trigo.

Charana

Menestrel que canta a glória de Deus, de um país ou de reis.

Chatti

Cômodo espaçoso onde viajantes descansam a caminho de centros de peregrinação.

D

Dana

O ato de dar, especialmente aos pobres e necessitados.

Dakshayani Sati

Filha de Daksha. Em seu nascimento seguinte tornou-se Párvati, novamente a consorte de Shiva.

Darshan

Ver uma deidade ou um sábio.

Dashahara – Jyeshtha Shukla Dashami.

O dia em que supostamente o Ganges desceu à terra. Os hindus devotos crêem que um mergulho no Ganges nesse dia os purificam de pecados cometidos em dez vidas.

Dasanami [lê-se *dashanami*]

As dez ordens de monges iniciadas por Shankaracharya. Os *nagas* pertencem a uma ordem que os protegem.

Dharmashala

Local doado por reis e mercadores onde os peregrinos podem ficar.

Dhuni

Fogão temporário improvisado por um monge (*sadhu*).

G

Ghandarva

Ser mítico que é hábil cantor e que se supõe viver nas alturas médias do Himalaya.

Gayatri Japam

Repetição do famoso mantra sagrado do Rigveda.

Garhwari Gosain

Monges ou *sadhus* da ordem *dasanami* estabelecidos no Himalaya e que dirigem os templos dali. *Gharwari* é um habitante do Garhwal. *Gosain* é um monge ou devoto *vaishnava*.

J

Jiva

Alma individual.

K

Kartika

O sétimo mês do calendário bengali.

Kinnara

Ser mítico como *gandharva,* amante da música e da dança.

Krosha

Medida de distância. Aproximadamente 2 kms.

L

Lingam

Imagem simbólica de Shiva.

M

Magha

Décimo mês do calendário bengali (inverno).

Margasirsha – (Agrahayana)

Oitavo mês do calendário bengali.

Math

Monastério.

Mahanta

Chefe de um monastério, abade.

P

Pahari

Pertencente às montanhas.

Panda

Guia e sacerdote num local de peregrinação.

Para Vidya

Conhecimento da Realidade espiritual.

Patwari

Funcionário menor que mantém os registros da aldeia.

Prasad

Alimentos sacramentais.

Pujari

Sacerdote de um templo.

Purascharana

Processo espiritual para despertar um Mantra.

R

Roti – Pão rústico.

S

Shamaka

Espécie de grão conhecido nas montanhas.

Siddha

Alguém perfeito ou bem sucedido na vida espiritual.

T

Tapasya

Prática espiritual.

U

Uttaranchal

Distritos do norte do Himalaya que começam a partir de Rishkesh e conduzem a locais de sagrada peregrinação no interior.

V

Vaishnava

Devoto e adorador de Vishnu.

Y

Yaksha

Ser mítico.

Yantra

Figura mística usada no tantra para cultuar uma deidade.

Yuga

Uma das quatro idades: *satya, treta, dvapara* e *kali*.

Z

Zangora

Tipo de grão que dá nas montanhas.

ORDEM RAMAKRISHNA

Origem

FUNDADA EM 1886 sob as bênçãos de Sri Ramakrishna, a sede da Ordem Ramakrishna está situada em Belur Math, sendo formada por duas organizações, o Ramakrishna Math [monastério], consagrado principalmente à vida espiritual, e a Ramakrishna Mission, dedicada à prática de atividades humanitárias.

Swami Vivekananda (1863-1902) consagrou Belur Math em 9 de dezembro de 1898.

Templo de Sri Ramakrishna Belur Math, Calcutá, Índia

Belur Math estende-se por vários acres de terra na margem ocidental do Rio Ganges, a cerca de 6km do centro de Calcutá. É um lugar de peregrinação para pessoas do mundo inteiro, de diferentes tradições religiosas. Até mesmo pessoas não necessariamente interessadas em religião visitam Belur Math, atraídas por seu ambiente de paz.

Santificadas pela presença de Swami Vivekananda, da maioria dos apóstolos, discípulos diretos de Sri Ramakrishna e de vários outros monges com realização espiritual, as instalações de Belur Math compreendem o mosteiro principal, uma escola para treinamento de *brahmacharis,* [noviços], os templos de Sri Ramakrishna, Sri Sarada Devi, Swami Vivekananda e Swami Brahmananda, museus, alojamentos para visitantes e diversos locais de peregrinação.

Centros no Mundo

Com mais de um século de existência, a Ordem Ramakrishna tem crescido com solidez, multiplicando suas atividades e aumentando seus centros no mundo inteiro. Conta hoje com 171 centros afiliados, distribuídos em diferentes regiões da Índia, Bangladesh, Estados Unidos, França, Inglaterra, Canadá, Japão, Holanda, Suíça, Rússia, Singapura, Ilhas Fidji, Ilhas Maurício, Sri Lanka, Austrália, Malásia e Alemanha. A América do Sul conta com dois centros, na Argentina e no Brasil. Há também centenas de instituições privadas na Índia e no exterior, inspiradas pelos mesmos ideais e atividades, que são orientadas e dirigidas pela sede da Ordem Ramakrishna.

Atividades

A Ordem Ramakrishna administra na Índia 14 grandes hospitais, 104 dispensários, 42 ambulatórios móveis, 12 faculdades, 199 escolas, 4 escolas politécnicas, 105 albergues e casas de estudantes, 6 orfanatos, 209 bibliotecas, 10 editoras, 2 escolas para crianças portadoras de deficiências, 3 institutos de agricultura, 5 institutos de treinamento e desenvolvimento rural, 293 centros de educação não formal e várias outras instituições dedicadas a serviços filantrópico, médico, educacionais, culturais e espirituais. Mantém-se constantemente ativa no auxílio às vítimas de cala-midades — terremotos, inundações, fome, epidemias, etc. Todas essas atividades sociais são empreendidas como se fossem atos de adoração a Deus, segundo o ideal expresso na célebre frase de Swami Vivekananda, lema da Ordem Ramakrishna: "Alcançar a realização de Deus e promover o bem–estar da humanidade"

Objetivos e Ideais

Objetivos e ideais da Ordem Ramakrishna, que foram personificados nas vidas e nos ensinamentos de Sri Ramakrishna e Swami Vivekananda:

- Despertar a divindade inerente à alma e ensinar como manifestá-la em todas as ações da vida.
- Disseminar a idéia da unidade da existência co-mo base da ética e da moral.
- Aceitar e respeitar a unidade essencial de todas as religiões, honrando seus fundadores.
- Praticar toda ação como uma forma de adoração e servir a Deus servindo ao homem.
- Promover a harmonia entre filosofia, ciência e religião.

Centros Ramakrishna Vedanta no Brasil

São Paulo

Ramakrishna Vedanta Ashrama

Largo Senador Raul Cardoso, 146 e 204
Vila Clementino — São Paulo — SP — 04021–070 Fones:
11 5572-0428 e 5908-1970
e-mail: vedantasp@uol.com.br e vedantasp@vedanta.org.br
www.vedanta.org.br

Centro de Retiro Espiritual

Estrada da Lagoa Grande, 502
Embu Guaçu — SP — 06900-000
Fone: 11 4661-1395

CURITIBA

Centro Ramakrishna Vedanta

Rua Prof. Hostílio Araújo, 120
Pilarzinho — Curitiba — PR — 82110–130
Telefone: 41 3027-2102
e–mail: vedantacuritiba@vedanta.org.br
www.vedantacuritiba.org.br

RIO DE JANEIRO

Centro Ramakrishna Vedanta

Rua Paula Matos, 162
Santa Teresa — Rio de Janeiro — RJ — 20251-550
Fones: 21 2224–3295 ou 2551–1208
e–mail: vedantarj@vedanta.org.br
www.vedantarj.org.br

BELO HORIZONTE

Centro Ramakrishna Vedanta

Rua Faria Lobato, 389
Bairro Santa Amélia, Pampulha
Belo Horizonte — MG — 30555-050
Fones: 31 3427-5995 ou 31 9608-6654
e–mail: vedantabh@vedanta.org.br
www.vedantabh.org.br

Residem no Brasil dois monges da Ordem Ramakrishna: Swami Nirmalatmananda, Diretor Espiritual para o Brasil, e Swami Sunirmalananda que viajam regularmente pelo Brasil e outros países dando palestras, aconselhamento pessoal, técnicas de meditação, etc.

CATÁLOGO DE LIVROS
www.lotusdosaber.com

2ª Edição

O QUE É RELIGIÃO — *Swami Vivekananda*

O renomado iogue e místico indiano que influenciou o pensamento filosófico e espiritual do Ocidente no século XX, examina com clareza e concisão as principais religiões e faz uma introdução à Vedanta e aos quatro caminhos da yoga: *bhakti, karma, raja* e *jnana.* Uma análise impressionante e extraordinária.

A PRÁTICA DA MEDITAÇÃO — *Swami Ritajananda*

Para Swami Ritajananda, da Ordem Ramakrishna, o objetivo da religião é produzir uma mudança no caráter, nas reações habituais e no modo de pensar do indivíduo que a pratica. Uma pessoa verdadeiramente espiritual aprendeu a viver em paz consigo mesmo e com os outros. Um livro não sectário com orientação valiosa para quem medita.

SÁRADA DEVI — Santa Mãe — *Swami Pavitrananda*

A história de Sárada Devi, uma luz que brilhou sem sombras. Compassiva, a esposa de Sri Ramakrishna, considerada uma santa na Índia, acolhia todos que vinham procurá-la em busca de consolo e paz. Dizia: «Sou tanto a mãe dos bons quanto dos maus».

2ª Edição

MEDITAÇÃO — A Mente e a Yoga de Patânjali
Swami Bhaskarananda, da Ordem Ramakrishna

Um livro bastante esclarecedor sobre um dos mais importantes temas da filosofia hindu que o autor analisa sob todos os pontos de vista. Para quem está interessado em saber o que é meditação de acordo com as escrituras sagradas da Índia.

CATÁLOGO DE LIVROS

www.lotusdosaber.com

2ª Edição

Autobiografia de um Iogue

Editio Princeps — Paramahansa Yogananda

A edição de 1946 desta maravilhosa introdução à yoga restabelece a assinatura do autor e o texto original que, após a morte de Yogananda, sofreu cerca de mil modificações. *Traduzido por Antonio Olinto, da Academia Brasileira de Letras e Lucia Sweet-Lima. Tradução das poesias de Luiz Carlos Lisboa.*

Afirmações Científicas de Cura

Paramahanso Yogananda

É inegável que Yogananda tinha poder de cura. Este livro poderá servir de consolo para quem atravessa momentos difíceis. Para a cura do corpo, da mente e da alma. — Edição de 1929.

2ª Edição

Kriya Yoga

O processo científico de aperfeiçoamento espiritual e a essência de todas as religiões

Paramahamsa Hariharananda

Escrito por um mestre que alcançou a realização espiritual, "Kriya Yoga" é leitura indispensável para o buscador sincero que queira se aprofundar nos fundamentos desta técnica libertadora.

O Mestre da Kriya Yoga

A vida do Yogiraj Lahiri Mahasaya

Bupendra Nath Sanyal

A vida do grande iogue que trouxe ao mundo a técnica libertadora da *Kriya Yoga*, divulgada no Ocidente por Paramahansa Yogananda, relatada por seu mais jovem discípulo a alcançar a realização espiritual.

CATÁLOGO DE LIVROS

www.lotusdosaber.com

A Nuvem do Desconhecimento — Um Deus que se revela na descoberta do que Deus não é
Autor Anônimo. — Traduzido por Luiz Carlos Lisboa

Livro fundamental na procura da verdade individual e no encontro do sentido profundo das religiões. Desse livro raro se disse que abre um caminho de luz na obscuridade em que o homem vive. Trata-se da Via Negativa, ou apofática, cristã. *Coleção Clássicos do Espírito.*

O Verdadeiro Amor — *S. João da Cruz*

Textos da mais alta espiritualidade cristã escritos pelo grande poeta e místico da cristandade que fundou, com Santa Teresa de Jesus, o Carmelo Descalço e é o padroeiro da poesia na Espanha. A seleção foi feita por *Frei Patricio Sciadini,* OCD. Para ler e meditar

Orações e Bênçãos
Padre Nelson Rabelo, SSS

Com exorcismo simplificado e orações poderosas e eficazes de intercessão, libertação e cura, bênção de casas, lugares, escritórios, fábricas, lojas. Para expulsar forças negativas.

Sabores da Índia — *Vanda Figueiredo*

Um livro sobre a deliciosa culinária lacto-vegetariana da Índia, um presente para todos os que estão em busca de novos sabores para enriquecer seu universo gastronômico. A autora aprendeu a cozinhar com Swami Tilak, um monge indiano que viajava pelo mundo para transmitir os ensinamentos sagrados dos Vedas.

CATÁLOGO DE LIVROS

www.lotusdosaber.com

A EXPERIÊNCIA MÍSTICA DE LOURENÇO DA RESSURREIÇÃO — A prática da presença de Deus
(O famoso *Brother Lawrence)*

Coletânea das cartas e conversas do humilde irmão leigo carmelita que sentia a presença constante de Deus. Sua sabedoria simples e seus ensinamentos intemporais continuam a inspirar com a mesma força o leitor de hoje. Traduzido por *Alexandre S. Rocha.*

ZIA, O CORCUNDINHA — *Francis Hodgson Burnett,* adaptação de *Lucia Sweet-Lima*

Um conto maravilhoso com final feliz. A história do primeiro milagre do menino Jesus. Uma mensagem de esperança escrita pela autora de "O Jardim Secreto"e "A Princesinha". Ilustrações exclusivas.

O CAMINHO DA RIQUEZA
Benjamin Franklin

Utilíssimo manual de ética escrito no século XVIII, com conselhos práticos e bem-humorados para que se alcance saúde, felicidade e riqueza.

10ª Edição

REGRAS PRÁTICAS PARA BEM ESCREVER
Laudelino Freire. Texto atualizado por *Antonio Olinto,* da Academia Brasileira de Letras

Pequena obra–prima da arte de escrever com eficácia, elegância e clarez. "Este ementário deve ser para o escritor o que para o sacerdote é o breviário: livro de regras que ele deve ler todos os dias, como todos os dias lê o sacerdote o seu livro de orações." Com lições e exemplos dos mestres.

CATÁLOGO DE CDS – TOMAZ LIMA

www.homemdebem.com

Haribol

Para ouvir e cantar. Com Madana Mohana Murari, Gayatri, Triambak, Hare Krishna, Sri Ram Jay Ram e um bhajan contra o medo de Rabindranath Tagore e Yogananda, entre outros.

Taj Mahal

Com mantras para Brahma, Vishnu, Shiva, Ganesha, Om Mani Padme Hum, Om Muni Muni Sakya Muni e três mil monges budistas tibetantos recitando sutras em Dharamsala, gravados por *Edmundo Pimentel.*

Jóias do Mantra

Coletânea com Madana Mohana Murari, Govinda Jaya Jaya, Hari Om Tat Sat, Maha Mantra, Haribol e outras gravações inéditas.

Joy

Mantras inéditos, gravados com percussão sufi, hindu e afro–brasileira. Para Shiva, Vishnu, Ganesha e o guru, que é a voz audível do Deus silencioso.

Song of India

No repertório Sita Ram, favorita de Gandhi, Clair de Lune, de Debussy, Hay Hari Sundara, do guru Nanak, Bhaja Sri Krishna, Song of India, de Rimsky Korsakov, Hari Bol.

Soneto

Um dos grandes violonistas do Brasil, Tomaz canta com violão e orquestra o melhor que a MPB pode inspirar. Com Aquarela do Brasil, Pastorinhas, Luar do Sertão, As Rosas não Falam, Com que Roupa, etc.

CATÁLOGO DE CDS – TOMAZ LIMA

www.homemdebem.com

VIVER DE AMOR

Tomaz canta São João da Cruz, Santa Teresa de Ávila, Santa Terezinha do Menino Jesus, São Francisco de Assis. Com Ave Maria, Pai Nosso e Tarde Te Amei, de Santo Agostinho, entre outras belíssimas orações cantadas.

RECEBE, Ó PAI — Irmãs Clarissas

Orações cantadas pelas Irmãs do Mosteiro de N. Senhora dos Anjos, no Rio de Janeiro. Produzido por Tomaz Lima, participação especial no violão.Uma lembrança vívida da música cantada na clausura e da Irmã Maria Josefa.

KUNDALINI MEDITATION

Tomaz entoa 108 vezes o pranava Om. A repetição deste mantra é um exercício espiritual de grande valor. Ao fundo, uma interpretação artística dos sons dos chakras.

ALÉM DOS SONHOS

Cantos Cósmicos para autocura que elevam a consciência e atraem as bênçãos de Deus. Toda beleza, mistério e encanto oriental das músicas de Paramahansa Yogananda. *Instrumental com 2 violões e harpa*

FELIZ NATAL — DEUS É UM SÓ

Convite às pessoas de todas as religiões para celebrar o nascimento da luz de Deus na consciência do homem. Com Noite Feliz, Glória Aleluia, When the Saints Go Marching In. Tomaz canta também para Krishna, Buda, Alá e Ad_nai.

HIMALAYA

Nesta suíte eletrônica em 4 movimentos Tomaz Lima transita entre o erudito e o popular, invadindo o silêncio com sonoridades de beleza ímpar. Com *Lago Místico, Mandala, Dakinis* e *O Paraíso Perdido.*

CATÁLOGO DE CDS – TOMAZ LIMA
www.homemdebem.com

CÉU AZUL — Cantos Cósmicos de Paramahansa Yogananda, em português. Para auto–cura e como preparação para meditar. O CD vem com um livrete com as letras e a indicação original da finalidade de cantar cada música. *Voz e violão*

ÁRATI — Gravação histórica de monges da Ordem Ramakrishna, na Índia com a participação especial do violão brasileiro de Tomaz Lima, Homem de Bem. Com músicas compostas por Swami Vivekananda, mantras e o Shiva Mahimna Stotran, considerado por eruditos de sânscrito o mais belo poema dos Vedas.

ÁGUAS —A excelência musical do CD Águas, juntamente com suas características terapêuticas, propicia ao ouvinte um estado de ralaxamento físico e mental. Tomaz Lima, além de ser um grande músico, é musicoterapeuta. Com *Mar, Chuva, Orvalho* e *Riacho.*

CÉU

A harmonia que flui das belíssimas com-posições de Tomaz Lima cria uma atmosfera de paz e tranquilidade que protege a mente. Com *Heaven, Star, Paradise* e *Peace.*

CANÇÕES PARA NINAR

Este CD é um passeio pela infância. Músicas que tinham sido esquecidas voltam cantadas por um anjo. *A. S., Salvador, BA.* Com voz,violão e piano. Ouça trechos das músicas no site wwww.homemdebem.com.br

Para receber informações sobre os próximos lançamentos de livros e CDs, queira por gentileza entrar em contato e cadastrar seu nome, endereço e e-mail:

Telefone: 0 ** 21 2644-5286

E-mail: info@lotusdosaber.com
e info@homemdebem.com

Visite o nosso site para conhecer os livros que publicamos e ouvir trechos das músicas dos CDs.

Caso você não encontre nossas publicações na sua livraria favorita, temos loja virtual no site. Obrigado.